# Küchengärten

Einfache Pflanzrezepte zum Nachgestalten

SIEGFRIED STEIN

blv

# Inhalt

# Küchengärten mit Pfiff

Essen und Trinken, Naschen und Probieren – das hat zwar mit gesunder Ernährung zu tun, aber es ist immer auch ein Stück Lebensqualität. Wer lässt sich nicht gerne von leckerem Gemüse und Früchten verführen, wer schnuppert nicht mal an würzigen Kräutern oder lässt sich von interessanten Rezepten anregen? Im eigenen Garten gehört ein Nutzgarten einfach dazu, und sei er auch noch so klein.

Dass so eine grüne Oase wirklich in jeden Garten passt, notfalls sogar auf einen Hinterhof mit betoniertem Boden, auf einen Balkon oder auf einen Dachgarten, das zeigen die folgenden Beispiele. Möglichst wenig Aufwand, ein Minimum an Pflege, aber Genüsse wie bei Adam und Eva im Paradies – mit den richtigen Tricks und den neuesten Sorten ist das kein Problem. Und, wie bei Rezepten üblich, erfahren Sie bei den einzelnen Gestaltungsvorschlägen auch gleich, wie sie mit wenig Aufwand nicht nur ernten, sondern auch mit allen Sinnen genießen können.

## Probleme austricksen

Den Kraut- und Kartoffelacker von früher können Sie getrost vergessen. Auch die Vorratshaltung mit Mengen von Gemüse, das später doch keiner mehr will. Frisch vom Strauch und rein in den Mund – nur so erfährt man den echten Geschmack von zuckersüßen Erbsen und sonnengereiften Tomaten, von schmackhaften Äpfeln und herrlich fruchtigen Himbeeren. Dank neuer Züchtungen braucht man dafür ein Minimum an Platz und kann monatelang davon ernten. Wussten Sie, dass Himbeeren im Herbst ohne Maden sind? Weshalb sich im Sommer ärgern oder mit der Spritze hantieren? Tricksen Sie den Schädling ganz einfach aus und verlegen Sie die Ernte in den Herbst. Und beim blattlausresistenten Salat wurde durch Einkreuzung von Wildarten ein uralter Menschheitstraum Wirklichkeit: Die unangenehmen Insekten bleiben fern. Neue Sorten machen es möglich.

▮ Roter Grünkohl dominiert das Gefäß mit Paprika, Tomaten und Blumen.

## Viel Farbe gehört dazu

Mangold zum Ernten und als Zierde, Kürbisse in herr-
lichen Farben, Tomaten in enormer Vielfalt, roter Grünkohl, der zusammen mit den Tulpen blüht, Basilikum
in Weinrot und mit aufregendem Aroma, Blumen mit
überraschendem Geschmack – das sind nur einige
Beispiele für die Ziereffekte, die bislang unscheinbare
Gemüse und Kräuter heute bieten.

Ein Nutzgarten kann selbst auf dem Balkon und auf
der Terrasse wie ein romantischer Bauerngarten sein:
voll mit süßen Düften, stimmungsvollen Farben, mit
Blumen, die man genießen kann und Kräutern, um die
sich bunte Schmetterlinge scharen.

Kombinieren Sie verschiedene Farben miteinander und
achten Sie auf unterschiedliche Blattstrukturen: Ge-
krauste Blätter bilden zu ganzrandigen einen Kontrast,
filigrane Würzkräuter kommen vor dickbäuchigen Kohl-
sorten gut zur Geltung, Silber oder Weiß nehmen allzu
dunklen Farben die Schwere, und mit rosa Schnittlauchblüten kommt Stimmung ins Kräuterbeet. Schönheit und Nutzen sind keine Gegensätze – sie vereinen
sich im modernen Nutzgarten auf spielerische Weise.

❚ **Mischt man unter die Gemüse auch Kräuter und
Stauden, sieht ein Nutzgarten fröhlich und auf-
munternd aus.**

# Küchengärten zum Nachschlagen

Pflegeleichte Kombinationen
von schmackhaften Gemüsen,
würzigen Kräutern und leckeren Früchten
auf wenig Raum.

# Trockenmauer mit dekorativen Kräutern

Mit einer Trockenmauer können Sie Ihren Garten auf schöne und zugleich umweltfreundliche Weise begrenzen. In den Ritzen finden viele nützliche Kleintiere sicheren Unterschlupf. Eidechsen, Spinnen, Kröten, Marienkäfer, Weichkäfer und Florfliegen durchstreifen von hier aus den Garten auf der Jagd nach Läusen, Milben, Schnecken und Raupen. Wildbienen starten zum Bestäubungsflug in Obstbäume und Beerensträucher.

Eine Trockenmauer
❙ ersetzt Zäune und Maschendraht
❙ bietet viel Platz für duftende, üppig blühende Kräuter und Steingartenstauden
❙ können Sie auf preisgünstige Weise selbst errichten
❙ passt in jede Umgebung
Duftender Thymian zwischen den Wegfugen, Lavendelhecken rechts und links vom Weg, ein romantischer

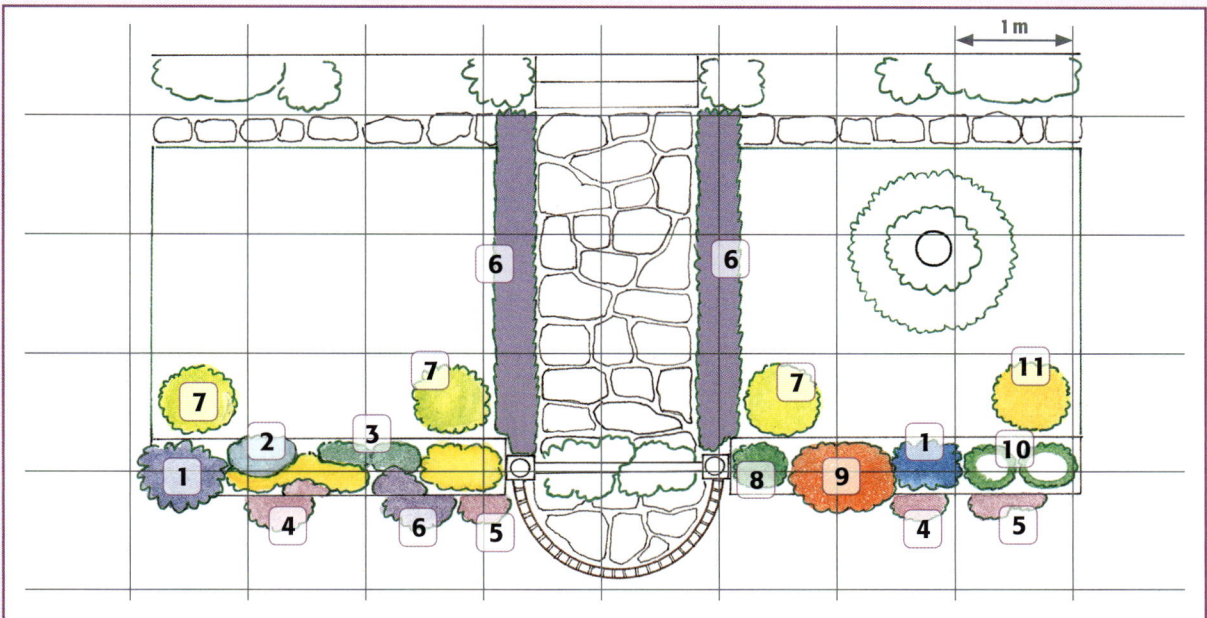

# Was Sie brauchen

**1** 2 × **Salbei**, z.B. 'Herrenhausen'

**2** 1 × **Pfefferminze**

**3** 2 × **Basilikum**, großblättriges, z.B. 'Genoveser'

**4** 2 × **Oregano**

**5** 4 × **Zitronenthymian**

**6** 30 × **Lavendel**

**7** 1 Samenpackung **Dill**

**8** 1 × **Majoran**

**9** 1 × **Kapuzinerkresse**, z.B. 'Tip-Top Alaska'

**10** 2 × **Berg-Bohnenkraut**

**11** 1 × **Liebstöckel**

Im Hintergrund: 4 × Kletterrosen, 3 × Stockmalven, 1 × Kugelakazie

# Was Sie auch nehmen können

Statt **3** 1 Samenpackung des einjährigen **Steinkrauts** (*Lobularia maritima*, z.B. 'Snow Chrystals') zwischen den Ritzen verstreuen. Duftet herrlich.

Statt **5** 3 × **Süßdolde** (*Myrrhis odorata*). Blüht weiß, farnartige Blätter, nach Anis schmeckende Samen.

Statt **10** 40 × **Gamander** (*Teucrium chamaedrys*). Blüht rostrot im Juni–Juli, ist wintergrün.

▌ Das Innere der Trockenmauer wird mit grobbrockiger Landerde gefüllt. Sie darf auch lehmig oder kalkhaltig sein. Fügen Sie beim Aufschichten gleich die Pflanzen ein.

Rosenbogen, Kletterrosen und Stockmalven verleihen diesem Vorgarten seinen verspielten Bauerngarten-Charme.

## Wie Sie pflanzen

Material für die Trockenmauer sind Feldsteine, Ziegel oder behauene Pflastersteine. Man schichtet sie ohne Mörtel auf ein ca. 10 cm hohes Sand- oder Kiesbett. Damit die Mauer nicht umkippt, ist von beiden Seiten eine leichte Neigung nach hinten wichtig. Die maximale Höhe ist 80–100 cm.

Vermeiden Sie beim Aufschichten kreuzförmig aneinanderstoßende Spalten, denn sie sehen unschön aus und gefährden die Stabilität des Bauwerks.

In der Mitte und an der Mauerkrone füllt man sandig-humose Landerde ein. Verwenden Sie möglichst Pflanzen mit Ballen, die gleich beim Aufsetzen der Steine eingefügt und in die vorhandene Erde gepflanzt werden. Nachträgliches Einsetzen ist wesentlich schwieriger.

Die meisten Kräuter gedeihen auf der Mauerkrone, doch fühlen sich **Berg-Bohnenkraut, Thymian** und **Salbei** an den Seiten wohl.

### Beste Pflanzzeit: Frühling

Im Frühling und im Herbst wachsen die Pflanzen am besten an. **Dill** und **Liebstöckel** sind hohe Kräuter. Säen oder pflanzen Sie sie am Fuß der Mauer im schattigen Bereich, so wirkt die Abgrenzung sehr gefällig.

**Roten Klatschmohn** oder vielfarbigen **Seidenmohn** *(Papaver rhoeas)* kann man zusätzlich säen, oft siedeln sich die Pflanzen auch von alleine an. Lassen Sie die charmanten Gäste gewähren – ihre leuchtenden Blüten sind auf jeden Fall ein Gewinn.

## Wie Sie pflegen

### Im ersten Jahr

Die Trockenmauer braucht nach dem Anwachsen kaum noch Pflege. Aufkeimendes Unkraut (vor allem Quecke und andere Gräser) sollten Sie frühzeitig entfernen.

Füllen Sie Löcher auf der Mauerkrone mit Kompost auf und streuen Sie im Frühjahr 80–100g Hornspäne aus. Das ergibt eine langsam fließende Nährstoffquelle fürs ganze Jahr.

Mit Sämlingen der **Zitronentagetes** *(Tagetes tenuifolia)* können Sie Pflanzlücken füllen und von Juni bis Oktober alles monatelang in ein gelbes Blütenmeer hüllen. Die aromatischen Blätter dieser schönen Pflanzen sind essbar.

### Nach dem Einwachsen

Abgeblühtes und Samenstände werden so früh wie möglich zurückgeschnitten. Oft gibt es noch eine zweite Blüte, oder die Pflanzen treiben mit neuen würzigen Trieben aus. Schneiden Sie im Spätherbst alles bis auf wenige Zentimeter über dem Boden zurück.

## Tipp

Von der aromatisch duftenden Kapuzinerkresse gibt es rankende und buschige Sorten. Bei 'Tip Top Alaska' hängen Blätter und Blüten malerisch herab. Knospen, Blätter und Blüten der Pflanzen sind essbar und ergeben einen würzigen leckeren Salat.

Auch der **Lavendelhecke** bekommt ein kräftiger Rückschnitt auf ca. 30 cm Höhe gut. Über Winter mit Tannenzweigen oder anderem Reisig vor Kälte schützen.

▌ **Kräuter wie Rosmarin und Heiligenkraut passen gut zum Charakter von Trockenmauern.**

# Naschgarten in Töpfen und Kästen

Wenn Sie Spaß an selbst gezogenen Gemüsen und Kräutern haben, können Sie dies auf jeder sonnigen Terrasse, auf einem größeren Balkon oder auf dem Dachgarten Ihrer Garage in die Tat umsetzen. Urbanes Gärtnern, so wird das Kultivieren nach Lust und Laune genannt, fragt nicht nach Konventionen und erst recht nicht nach teurem Mobiliar. Sie können wie hier gezeigt ganz einfach Gemüse- und Obstkisten aus Holz an

einer Wand hoch stapeln. Der Vorteil: Die stabilen, geräumigen und ausreichend tiefen Behälter sind robust und beim Händler günstig zu haben. Ob naturbelassen oder weiß, blau, gelb, orange oder rot angestrichen, ist Geschmackssache.

Auf jeden Fall ist hier genügend Platz, um darin auf dekorative Weise Töpfe mit feurig schmeckenden Chilis,

[X] **JA!** Ich bestelle die nächsten 3 Ausgaben für nur 9,90 €.
Das Buch »Gartenkräuter« bekomme ich geschenkt.

Wenn mich kraut&rüben überzeugt, brauche ich nichts tun. Ich lese dann zum Jahres-Vorzugspreis von 55,50 € (A 62,20 €, CH 83,– SFr) weiter. Da ich nach dem 1. Bezugsjahr jederzeit kündigen kann, lese ich ohne Risiko. Ansonsten genügt bis spätestens 14 Tage nach Erhalt der 3. Ausgabe eine Mitteilung an den Verlag.

36481-13 ES

KUR13BLV/41

Name, Vorname

Straße, Nummer

PLZ, Ort

Tel.-Nr., E-Mail

□ Ich bin damit einverstanden, dass mich die Deutscher Landwirtschaftsverlag GmbH schriftlich, telefonisch oder per E-Mail über ihre Produkte und Dienstleistungen informiert und zu diesem Zwecke meine personenbezogenen Daten nutzt und verarbeitet. Ich kann diese Zustimmung jederzeit gegenüber der Deutscher Landwirtschaftsverlag GmbH, Lothstr. 29, 80797 München per E-Mail unter kundenservice@dlv.de oder per Fax unter +49(0)89-12705-586 widerrufen.

Die Deutscher Landwirtschaftsverlag GmbH verarbeitet meine Daten in maschinenlesbarer Form. Die Daten werden vom Verlag genutzt, um mich mit den bestellten Produkten zu versorgen.

Datum, Unterschrift

**Karte abschicken oder gleich bestellen unter:**
**Tel. +49(0)89/12705-214, Fax -586, leserservice.kur@dlv.de**

dlv  Die Medienkompetenz
für Land und Natur

www.krautundrueben.de

# Was Sie brauchen

**1** 1 × **Mini-Gurke,** z. B. 'Printo'

**2** 1 × **Hokkaido-Kürbis,** z. B. 'Ushiki-Kuri'

**3** 1 Samenpackung Rucola

**4** 1 × Oregano

**5** 2 × Kohlrabi

**6** 1 Samenpackung Petersilie

**7** 1 Samenpackung Mangold

**8** 10 × Lauch

**9** und **10** 1 Samenpackung Kapuzinerkresse

**11** 1 × Schnittlauch

**12** 1 × Strauchbasilikum

**13** 1 × Majoran

**14** 1 Samenpackung Stangenbohnen

**15** 1 × Aubergine

**16** 3 × Immertragende Topf-Erdbeeren 'Toscana'

**17** 3 × Chilis

**18** 1 × Tomaten

**19** 1 Samenpackung Chinalauch

**20** 1 Samenpackung Bohnenkraut

**21** 1 × Kletter-Zucchini 'Black Forest'

**22** 1 × Zuckermelonen 'Orange Beauty'

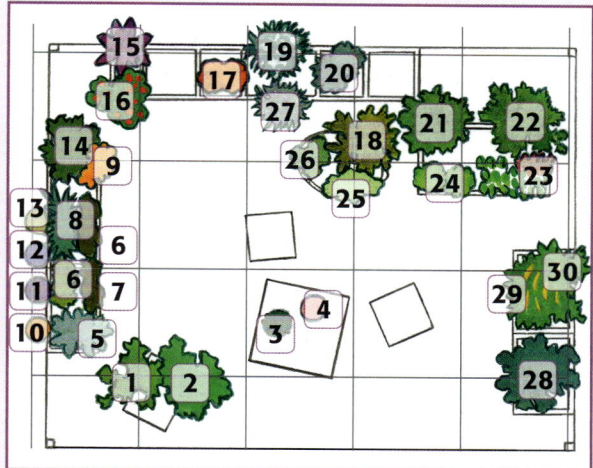

**23** 3 × Kopfsalat

**24** 5 × Pflücksalat

**25** 3 × Basilikum

**26** 1 Samenpackung Kerbel

**27** 1 × Rosmarin

**28** 3 × Brokkoli

**29** 3 × Gemüsepaprika

**30** 1 Samenpackung Gelbe Buschbohnen

# Was Sie auch nehmen können

Statt **8** 1 Samenpackung Zwiebeln

Statt **9** und **10** andere Sommerblumen, z. B. je 1 × Studentenblumen (Tagetes).

■ Ob in Töpfen, Kübeln oder Balkonkästen, Gemüse gedeihen auch mit wenig Erde prächtig. Allerdings benötigen sie aufmerksame Pflege, genügend Wasser und Dünger.

Auberginen, würzigen Kräutern und – zum Naschen ideal – mehrfach tragende Balkonerdbeeren wie der preisgekrönten Sorte 'Toscana' unterzubringen. Die leckeren süßen Früchte wachsen dabei bis zum Frost fast in den Mund.

Alternativen zu diesen Minibeeten sind Zinkwannen, Pflanzkästen aus Holz und tragbare Einkaufstaschen aus haltbarem Kunststoffgeflecht, in denen – mit Erdsubstrat gefüllt – üppig schmackhafte Minigurken und Hokkaido-Kürbisse ranken. Hängt man die Taschen an einer Wand auf, stellt sich im Handumdrehen märchenhafte Stimmung ein, ganz wie bei den sagenhaften hängenden Gärten der Semiramis.

## Wie Sie pflanzen

### Pflanzplan zur Gestaltung

So könnte Ihr origineller Naschgarten aussehen. Jeden Tag gibt es von Frühjahr bis zum Herbst reichlich Vitamine taufrisch zu ernten. Auch Nachbarn werden sich gern in Ihrem grünen Paradies inmitten von duftenden Kräutern, wucherndem Grün und bunten Blumen zu einer gemütlichen Kaffee- oder Teepause einfinden. Günstig ist eine nicht zu schattige aber auch nicht prallsonnige Lage. 6–7 Stunden Sonne am Vor- oder Nachmittag sind ideal. Achten Sie besonders auf genügend Windschutz, sonst trocknen die Gefäße allzu schnell aus.

Trotz großer Vielfalt liefern die wenigen Pflanzen auch genügend Erträge, die für eine kleine Familie ausreichen. Kaum zu glauben, wie oft sich der Pflücksalat abernten lässt – schon im Mai gibt es die ersten zartknackigen Blätter und bis zum Herbst wachsen ständig neue nach. Ähnliches können Sie auch vom Mangold erwarten, von den schmackhaften Minigurken (bis zu 30 Stück pro Pflanze), von den »immertragenden« Erdbeeren oder auch von der Kletterzucchini-Pflanze, die sich an einer Schnur oder am Gitter in die Höhe hangelt und dabei mit sehr wenig Platz auskommt.

Als Pflanzerde können Sie Ihren eigenen Kompost verwenden. Damit die Pflanzen nicht hungern, sollten Sie langsam wirkenden Naturdünger wie die an Stickstoff reichen Hornspäne oder Horngries beimischen. Eine gute Alternative sind abgepackte humusreiche Pflanzerden aus dem Gartencenter oder auch die leichten Kokossubstrate, die durch Zugabe von Wasser aufquellen. Sie sind bequem verfügbar, unkrautfrei und für die ersten 6 Wochen ausreichend gedüngt.

## Wie Sie pflegen

Gemüse und Kräuter bringen auch in Gefäßen mit wenig Substrat üppige Erträge. Dafür dürfen die Pflanzen weder vernässen noch austrocknen, denn sonst stoßen Paprika, Bohnen oder auch Gurken und Melonen schon angesetzte Früchte wieder ab. Sorgen Sie also für eine luftige gut strukturierte Erde, die am besten morgens ausreichend gegossen wird. Das Gießen lässt sich allerdings mit Tropfbewässerung und einfachen Zylindern aus Ton (z. B. System Blumat) ganz nach Bedarf der Pflanzen automatisieren. Für Computerfans gibt es Geräte, die sich mit Elektronik und Fernsteuerung regulieren lassen (z. B. von Gardena).

Wichtig ist auch der Nährstoffbedarf, der sich nach dem Einwachsen in den sommerlichen Erntemonaten stei-

gert. Bewährt haben sich hierfür neben organischen Horndüngern flüssige Düngung oder kugelige Langzeitdünger, deren Nährstoffe beim Gießen allmählich freigesetzt werden.

Kletterzucchini, Melonen, Stangenbohnen, Tomaten, Auberginen und oft auch Paprika sind dankbar für rechtzeitiges Anbinden an Stangen, Schnüren, Gittern oder Rankgerüsten. Um den knappen Platz optimal zu nutzen, gedeihen die vielen Pflanzen in Mischkultur, wobei sie sich ergänzen und gegenseitig fördern. Pflücksalat und Rucola können Sie immer wieder an frei gewordenen Stellen nachsäen.

## Tipp

Verwenden Sie möglichst vorgezogene Pflanzen aus dem Gartencenter, das spart viel Zeit. Bei einigen Arten ist die Aussaat günstiger. Bei Rucola, Petersilie oder anderen Saat-Kräutern hat sich die Anzucht von Saatscheiben bewährt. Schon präzise in einem runden Papierteppich ausgesät, gedeihen die Kräuter in Töpfen ohne weitere Arbeit optimal.
Bis auf Kohlrabi können die Gemüse, auch Bohnen und Kräuter, die ganze Saison über mehrfach geerntet werden. Lassen Sie bei Brokkoli nach dem Abschneiden des Kopfes die Pflanzen stehen. Bald bilden sich aus den Blattachseln neue fleischige Sprossen und leckere Köpfchen. Im Herbst können sie erneut eine kleine Ernte bringen.

# Naturgarten mit Kräutern für Schmetterlinge

Die bunten Schmetterlinge sind liebenswerte Begleiter des Gartenjahres. Admiral, Pfauenauge, Schwalbenschwanz und Kleiner Fuchs – jeder hat sie gern und möchte sie in den Garten locken. Mit einem Naturgarten wie diesem gelingt nicht nur das: Auch nützlichen Blattlausfressern wie Florfliegen und Marienkäfern, Schwebfliegen und parasitischen Schlupfwespen bieten die Kräuter in Hülle und Fülle begehrten Pollen und

Nektar. Eine sonnige Ecke im Garten als solchen Lockplatz mit Kräutern anzulegen, lohnt sich also aus vielerlei Gründen.

## Sonniges Paradies

Auch Bienen und Hummeln finden sich ein, der Mensch aber kann sich an würzigem Kräutergrün und seiner Heilwirkung erfreuen. Die heile Welt samt Tränke

# Was Sie brauchen

**1** 3 × Lavendel

**2** 7 × Zitronenthymian

**3** 1 × Kapuzinerkresse, niedrig

**4** 1 × Kerbel

**5** 1 × Dill

**6** 1 × Liebstöckel

**7** 10 × Pfefferminze

**8** 5 × Oregano

**9** 10 × Schnittknoblauch

**10** 1 × Boretsch

**11** 1 × Artischocke

**12** 7 × Schnittlauch

**13** 3 × Salbei

**14** 3 × Berg-Bohnenkraut

**15** 1 × Majoran

Zusätzlich vorne: 3 × Zitronentagetes
*(Tagetes tenuifolia)*, blüht gelb

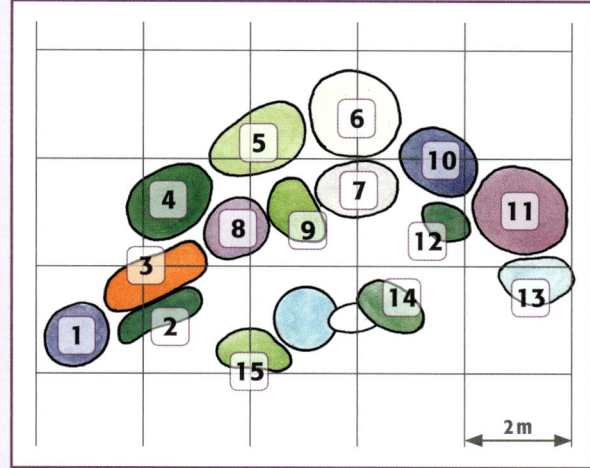

# Was Sie auch nehmen können

Statt **4** 1 × **Blumenmischung** für Nützlinge,
z.B. 'Nützlingswiese' (von Kiepenkerl)

Statt **4** 1 × **Samenpackung Rucola** *(Eruca sativa)*

Statt **5** 'Blüten für Nützlinge' (von Sperli),
etwa 80 cm hoch.

Statt **11** 1 × **Cardy** (Kardone), Riesenblüten,
schmackhafte Blattstiele

Statt **12** 1 **Samenportion** von blau blühendem
Bienenfreund *(Phacelia tanacetifolia)*

▮ Auf Ringelblumen *(Calendula)* und Studentenblumen *(Tagetes)* lassen sich viele bunte Schmetterlinge nieder, um Nektar zu tanken.

für die anfliegenden Gäste muss windgeschützt, sonnig und offen sein – so fühlen sich die Gaukler sicher vor anfliegenden Feinden.

## Wie Sie pflanzen

Nachdem der Boden gelockert und mit Humus verbessert wurde, legt man zunächst die Wegführung fest.

**Trittplatten** passen sich unauffällig der Umgebung an, gemulchte Wege mit Holzhäcksel sehen dagegen besonders natürlich aus, und man kann darauf wunderbar weich gehen. Nachteil: Nach 2–3 Jahren ist der Belag verrottet.

Beste Pflanzzeit sind das zeitige Frühjahr und die Monate August bis Oktober, wenn der noch warme Boden das schnelle Einwurzeln begünstigt.

Werden Ballenpflanzen aus Töpfen verwendet, sind die Wurzeln oft verfilzt. Reißen oder schneiden Sie das Wurzelwerk vor dem Pflanzen auf. Das regt die Bildung neuer Wurzeln an.

Setzen Sie nun die vorher gut durchfeuchteten Pflanzen in der gleichen Höhe ein, in der sie vorher wuchsen. Dann mit den Händen die Erde andrücken und mit sanfter Brause einschlämmen. Damit bekommen die Wurzeln den wichtigen Bodenkontakt.

## Mit Aussäen geht es auch

Bei einigen Kräutern wie **Dill** oder **Kapuzinerkresse** ist das Aussäen in den gelockerten Boden die einfachere Methode. Die Samen werden gleichmäßig dünn verteilt, dünn mit Erde bedeckt und angegossen. Bald nach dem Aufgehen müssen zu dicht aufgelaufene Sämlinge vereinzelt oder verpflanzt werden, sonst fehlt ihnen der Platz zur Entwicklung. Günstig ist ein Abstand von 15–20 cm von Pflanze zu Pflanze.

## Blumen- und Schmetterlingswiesen

Wer sich mit den nützlichen Helfern im Garten verbündet, der kann sein grünes Paradies auf unbeschwerte Art genießen. Das geht ganz einfach: mit einjährigen Wild- und Sommerblumenmischungen, die es im Samenregal gibt. Die herrlich bunten Blumenmischungen locken nicht nur farbenprächtige Schmetterlinge, Bienen und Hummeln herbei, sie bieten auch Lebensraum und Nahrung für emsige Schädlingsjäger wie Schwebfliegen, Florfliegen (Blattlauslöwen), Laufkäfer oder auch heimische Singvögel. Blattläuse, Milben, Raupen und andere Schadinsekten sind ihre Beute, die sie in erstaunlich großen Mengen verzehren. Auch in kleineren Garteneckchen, zwischen Gemüsebeeten und sogar auf der Terrasse in Gefäßen ist Platz für eine der zugleich nützlichen und farbenprächtigen Samenmischungen. Aussaatzeit ist zwischen Ende März und Anfang Juni.

# Wie Sie pflegen

Zitronenfalter schon im Frühling, prächtige Admirale im Herbst: Dank der verschiedenen Blütezeiten ist in diesem sonnigen, aromatisch duftenden Garten immer etwas los.

Doldenblütler wie **Kerbel** und **Dill** haben mit ihrem Pollen und mit Nektar den Tisch für Nützlinge wie Schweb- und Florfliegen gedeckt. Ihre zahlreich schlüpfenden Larven haben einen gewaltigen Appetit auf Blattläuse, Milben und Schildläuse: 200–400 Läuse vertilgt jede Schweb- und Florfliegenlarve.

Damit diese nützlichen Schädlingsvertilger im Garten bleiben, muss immer etwas blühen. Säen Sie deshalb in mehreren Sätzen im Abstand von ca. 30 cm **Kerbel, Boretsch** und **Dill** ein.

**Oreganoblüten** sind ein wahrer Tummelplatz für Insekten. Durch teilweisen Rückschnitt treiben neue Blätter zum Ernten aus.

Die **Kapuzinerkresse** ist ein Dauerblüher für den Sommer und Herbst. Gut wässern – mehr Pflege braucht sie nicht.

**Artischocken** sind Edeldisteln. Das zeigt sich, wenn die essbaren Knospen nicht geerntet werden und sich als riesige blaue Blüten öffnen. Die Pflanzen brauchen im Winter Schutz gegen Kahlfrost und Nässe. Schneiden Sie die Triebe im November handhoch zurück, decken Sie die Stummel 20 cm hoch mit Laub ab und stülpen Sie einen Eimer darüber.

## Tipp

Eine flache Schale mit Wasser zum Trinken und ein Stein darin als Landeplatz ziehen Schmetterlinge, Bienen und Hummeln magisch an. Platzieren Sie alles rundum so offen, dass sich die Insekten sicher fühlen. Wichtig ist auch die Hecke im Hintergrund als Windschutz.

# Bienen- und Nützlingsgarten

Kein Tier auf dieser Welt ist wichtiger als die Biene. Ob wild lebend in der freien Natur oder vom Menschen gehegt in Bienenstöcken, nur die Biene bestäubt in genügender Anzahl die vielen Blüten in Feld, Wald und Flur. Allerdings lässt ihr Speisezettel, bedingt durch landwirtschaftliche Monokulturen, ab Frühsommer erheblich nach, um im Herbst fast ganz zu versiegen. Mit einem bunten Gartenparadies wie diesem können wir uns nicht nur selbst viel Freude bereiten, sondern auch wirksam zum Naturschutz beitragen. Hier blüht es durch das ganze Gartenjahr in voller Pracht, besonders im Herbst. Es duftet herrlich, emsige Bienen können reichlich Nektar sammeln und nebenbei für die Befruchtung der Blüten an Bäumen, Sträuchern und Kräutern sorgen. Davon profitieren auch viele bunte Falter, Hummeln, Schwebfliegen und andere nützliche Insekten.

## Was Sie brauchen

**1** Restholzhaufen

**2** Insektenhotels

**3** Bienenstöcke

**4** 10 × Lavendelpflanzen

**5** 3 × Pfefferminze

**6** 3 × Schnittlauch

**7** 3 × Thymian

**8** 1 × Salbei

**9** 3 × Oregano

**10** 1 Samenpackung Dill

**11** 1 Samenpackung Basilikum

**12** 1 Samenpackung Boretsch

**13** 10 Samenpackungen »Bienen-Mix« (einjährige Blumenwiese)

**14** 5 × Berg-Bohnenkraut

**15** 3 × Thymian

**16** 1 × Salbei

**17** 1 × Artischocke

**18** 3 Samenpackungen Rankende Kapuzinerkresse

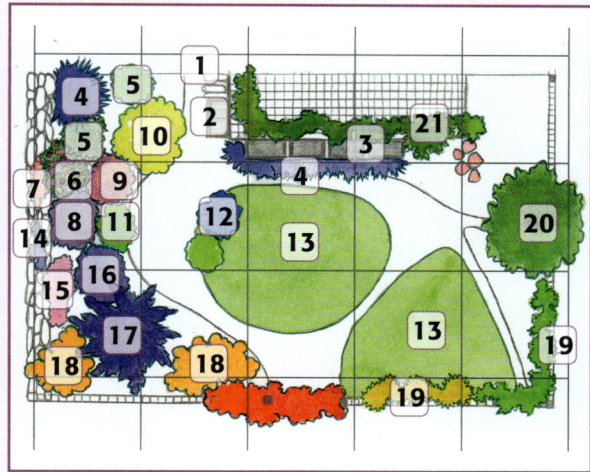

**19** 20 × Herbst-Himbeeren

**20** 1 × Duo-Apfelbaum

**21** 1 × Weinrebe

## Was Sie auch nehmen können

Statt **4** **Mexikanische Minze** (*Agastache mexicana*)

Statt **17** 1 × **Cardy** (Kardone), schmackhafte Blattstiele, im 2. Jahr große blaue Edeldistel-Blüten

Statt **19** 5 × Stämmchen Johannisbeeren oder 2 × Brombeeren

Statt **20** 1 × **Kirschbaum 'Sunburst'** (selbstfruchtbar)

Statt **20** 1 × **Duo-Birnbaum**

▌ Dieses blumige Insektenparadies ist kaum zu toppen. Geschickt in eine Steinmauer mit Bienenstöcken und Insektenhotels gefügt, finden hier zahlreiche Insekten Unterkunft.

Besonders naturgerecht ist dieser romantisch anmutende Garten durch zahlreiche Überwinterungsmöglichkeiten: Das »Insektenhotel« (kann man gut selbst bauen) hält mit angebohrten Holzstücken, hohlen Bambusstücken oder Halmen, Quartiere für die schon früh im Jahr aktiven Wildbienen und nützliche Grabwespen bereit. Zwischen vermodernden Ästen und Resten vom Strauch- und Obstbaumschnitt finden Falter, Florfliegen und Marienkäfer Unterschlupf und die Ritzen der Trockenmauer sind ideale Behausungen für Hummeln, nützliche Eidechsen und Kröten. Auch Hummeln, Schmetterlinge und hilfreiche Schneckenfänger wie Laufkäfer, Igel und andere Nützlinge starten von hier aus zur Schädlingsjagd.

## Wie Sie pflanzen

Die Lage für diesen Garten sollte sonnig und nach möglichst vielen Seiten offen sein, dann fühlen sich die Tiere sicher und kommen in Scharen. Der Anziehungspunkt für Bienen, Hummeln und Falter ist die bunte einjährige Blumenwiese im Mittelpunkt, die auch zahlreiche Kräuter enthält, insbesondere den an Nektar besonders reichen Boretsch. Mit seinen vielen himmelblauen Blüten beschert er den Insekten von Juni bis zum Frost ein wahres Eldorado.

Hierfür lockern Sie den möglichst unkrautfreien Boden mit einem Grubber und reichern ihn mit Humusprodukten oder Kompost an. Dann mit einer Harke einebnen, den Samen sehr dünn verteilt darauf streuen und leicht einarbeiten. Anschließend mit weicher Brause gründlich angießen und bis zum Aufgang nicht austrocknen lassen.

### Beste Pflanzzeit: Frühling

Zwischen Ende März und Anfang Juni ist die beste Zeit zum Säen und Pflanzen, ideal bei bedecktem Himmel. Der Boden sollte feucht sein, aber nach Niederschlägen nicht mehr schmieren.

Mehrjährige Kräuter und Stauden kann man auch noch im Herbst (September bis November) mit dem Spaten in handliche Stücke mit mehreren Trieben und genügend Wurzeln teilen. Was zu lang ist, kann man mit Augenmaß einkürzen. Dann gründlich einschlämmen: So bekommen die Wurzeln mit dem Boden engen Kontakt und werden zu neuem Wachstum angeregt.

## Wie Sie pflegen

Das Geheimnis eines pflegeleichten Gartens liegt in der Bodenbedeckung. Wie in der freien Natur schützt das Mulchen vor schnellem Austrocknen, das spart Wasser und Arbeit, hält die Erde locker, fördert Wachstum und Bodenleben und verhindert zudem das Aufkommen von ungewünschten Wildkräutern. Ständiges Hacken und Lockern des Bodens bringt dagegen nur immer neue Unkrautsamen zum Keimen. Halten Sie den Boden ruhig und mulchen Sie, so nennt man das Abdecken des Bodens 4–6 cm hoch mit organischen Materialien gleich nach dem Pflanzen, z. B. mit gehäckselten Resten vom Strauch- und Staudenschnitt, mit Rindenhumus, aufbereiteten Holzfasern oder dekorativen Holzchips. Vorher nochmals kalken und düngen, damit den Pflanzen beim allmählichen Umsetzen zu Humus keine Nährstoffe entzogen werden.

Gut bewährt hat sich das beim Rasenmähen anfallende Schnittmaterial. Wird in kürzeren Abständen und damit rechtzeitig vor der Blüte gemäht, enthält der Grün-

schnitt keinen Samen und bildet, zwischen den Pflanzen als 4–5 cm hohe Schicht ausgebracht, eine natürliche Bodendecke, aus der später Humus wird. Wichtig beim Bepflanzen der Trockenmauer: nur Kräuter und Stauden mit stabilem Ballen benutzen. Diese werden möglichst schon beim Errichten der Mauer zwischen die Steine gelegt, mit Erde umhüllt und angegossen. Nachträgliches Einfügen scheitert oft an genügend Erdkontakt und die Pflanzen wachsen schlecht an. Die Blumenwiese aus herrlich bunten, mit Nektar und Pollen üppig ausgestatteten Sommerblumen wird von Juni an bis zum Frost den Insekten reichlich Nahrung bieten.

## Tipp

Wichtig bei Pflanzen aus vorgezogenen Töpfen: Damit kein »Ringelwuchs« entsteht, verletzen und lockern Sie verfilzte Ballen zunächst mit den Fingern, einer Kralle oder einem Messer. Das schadet nicht. Dann mit einer Pflanzschaufel auf gleicher Höhe (nicht zu tief) am neuen Standort einsetzen. Gönnen Sie den Pflanzen rundum genügend Abstand (30–40 cm), sie werden den Platz bald ausfüllen.

Die nächstjährige Blüte fällt meist weniger schön aus als zuvor. Deshalb empfiehlt es sich, jedes Frühjahr die Fläche, wie gehabt herzurichten und mit dem gleichen Saatgut oder einer anderen Mischung erneut einzusäen. Bringen Sie das Saatgut dünn verteilt und sparsam aus, die Pflanzen können sich so üppiger entwickeln.

# Ein bequemes Hochbeet

Wenn Ihr Garten zu klein ist für Beete mit Gemüse und Kräutern, sind Sie mit einem Hochbeet bestens bedient. Kein Ackern mehr auf steinigem, morastigem oder tonigem Boden, stattdessen säen, pflanzen und ernten Sie, ohne sich zu bücken. Das ist nicht nur für Ältere die optimale Lösung. Auch die Jüngeren finden die flotten Hochbeete schick, weil sie auf Miniraum dank Mischkultur enorme Erträge bringen.

Die 40–80 cm hohen Kästen aus Bauholz, Brettern oder Metall schlucken Mengen von Grünabfällen, Rasenschnitt, Schreddermaterial und Zweigen, die rund ums Jahr im Garten anfallen. Umweltfreundlich wandeln sich im Hochbeet Grünabfälle zu wertvollem Humus um. Selbst empfindliche Melonen, Paprika und Auberginen entwickeln sich in der Toplage optimal, weil sie – von wärmender Luft umspült – in einem reichen

## Was Sie brauchen

**1** 1 × **Mini-Gurke**, z. B. 'Printo'

**2** 2 × **Kletter-Zucchini**, z. B. 'Black Forest $F_1$'

**3** 4 × **Pflücksalat**

**4** 6 × **Buschbohnen** in Horsten

**5** 3 × **Busch-Tomaten**, z. B. 'Balkonstar'

**6** 1 Samenpackung **Möhren**, frühe Sorte

**7** 1 Beutel **Steckzwiebeln**

**8** 4 × **Paprika**

**9** 9 × **Lauch**

**10** 5 × **Eissalat**

**11** 2 × **Zuckermelone**

**12** 1 Samenpackung **Rucola**

**13** 1 Samenpackung **Petersilie**

**14** 1 Samenpackung **Schnittsalat**

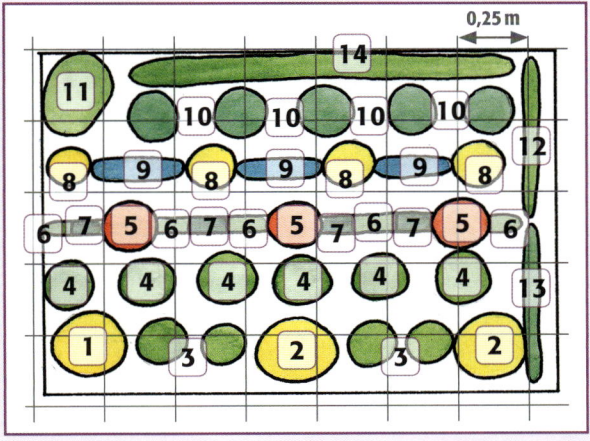

## Was Sie auch nehmen können

Statt **1** 1 × **Schlangengurke** mit längeren Früchten

Statt **4** 6 × **Spitzkohl**

Statt **8** 4 × **Auberginen**

Statt **10** 5 × **Kopfsalat**

Statt **11** 2 × **Wassermelonen**

Statt **12** 1 × **Radieschen**

Statt **12** 1 × **Kerbel**

■ Ein Hochbeet findet selbst im kleinsten Garten Platz. Gemüse und Kräuter kann man hier in bequemer Höhe ernten.

Nährstoffvorrat schwelgen dürfen. Ohne zu faulen, wachsen die Früchte in Mengen heran.

## Wie Sie pflanzen

Die Abbildung zeigt das Hochbeet, wie es sich im Sommer mit 13 verschiedenen Gemüsen und Kräutern üppig wachsend darbietet. Bis Ende Mai gab es schon reichlich Frühgemüse zu ernten: die ersten Salate, leckeren Kohlrabi, vitaminreiche Radieschen, Rettiche und Spinat. Bald sind die **Buschbohnen** und die **Salate** abgeerntet. Dann folgt ab Ende Juli der Wechsel zur nächsten Mischkultur, mit Herbstgemüse wie Endivien, Radicchio, Fenchel und Spinat. Dauergemüse wie **Tomaten, Lauch** und **Paprika** bleiben stehen.

Damit sich auf dem knappen Platz von 180 cm Länge und 120 cm Breite (wie bei einem üblichen Gemüsebeet) die Pflanzen nicht drängen, ist ein überlegter Plan wie dieser sehr nützlich.

Jede Lücke wird sofort von Blättern und Trieben gefüllt. Rankende **Melonen, Gurken** oder **Kletter-Zucchini** dürfen über den Rand des Hochbeetes baumeln. Den Pflanzen bekommt dies ausgezeichnet, und die Früchte lassen sich auf diese Weise leicht ernten.

### Vorgezogene Pflanzen

Vorkultivierte Pflanzen vom Gärtner sind eine Erleichterung, wenn es ans Pflanzen geht. Im Mai und Juni ist daran kein Mangel, auch für die Herbstgemüse gibt es ein Setzlingsangebot. Wichtig ist dabei eine eindeutige Sortenbezeichnung. Die Pflanzen einfach mit »Paprika«, »Gurken« oder »Tomaten« zu benennen, zeugt von wenig Sachkenntnis der Anbieter und reicht nicht aus. Bei der Vielfalt an unterschiedlichen Sorteneigenschaften (große oder kleine Früchte? scharf oder mild? hoher oder buschiger Wuchs?) sind ansonsten Überraschungen vorprogrammiert. Wer das Besondere sucht, kann auf Gartenausstellungen, auf Pflanzenmärkten und bei Versendern fündig werden. Behandeln Sie die erworbenen Pflanzen vorsichtig, sie dürfen auf dem Transport und bis zum Auspflanzen nicht austrocknen (das gilt besonders für die empfindlichen Gurken, Melonen und Kürbisgewächse). Oft sind sie auch zu klein und müssen nochmals in größere Töpfe gesetzt werden. Wichtig: Der Ballen sollte gut durchwachsen, aber nicht verfilzt sein, denn daraus können sich die Wurzeln nicht mehr befreien. Reißen Sie den Ballen mit den Fingern etwas auf. Werden dabei die Wurzeln leicht beschädigt, regt sie das zu neuem Wachstum an. Entstehen im Lauf des Sommers Erntelücken, können Sie noch schnellwüchsige Gemüse wie Radieschen, **Pflücksalat** oder **Rucola** in die Erntelücken säen.

## Wie Sie pflegen

### Ein Hochbeet anlegen

Hochbeete können Sie im Versandhandel fertig kaufen oder aus imprägnierten Hölzern selber bauen.

Legen Sie eine Folie zwischen Erde und Holz, damit dieses nicht fault.

Wichtig: Tackern Sie am Boden rundum Kaninchendraht an, damit Wühlmäuse keinen Zugang finden.

Wird das Hochbeet noch farbig gestrichen, wird es ein Schmuckstück in jedem Garten sein.

Das Innere besteht zuunterst aus Ästen, Zweigen und Schreddermaterial, die sich allmählich zersetzen. Dann folgt eine Lage Landerde oder halbfertiger Kompost aus der Biotonne. In einer abschließenden Schicht sauberer, unkrautfreier abgepackter Blumenerde kann man gut säen und pflanzen.

Knackiges, wüchsiges Gemüse darf weder welken noch an übergroßer Nässe leiden. Rechtzeitiges Gießen, möglichst am Morgen, verhindert das.

Die meisten Aussaaten geraten zu dicht. Vereinzeln Sie deshalb die Jungpflanzen bald auf den endgültigen Abstand. Bei **Möhren** sind dies 3–4 cm und bei **Salat** 25–30 cm. Bei **Petersilie** und **Rucola** genügt es, so dünn zu säen, dass sich die Pflanzen nicht allzu sehr bedrängen.

Damit Sie unbelastetes Gemüse ohne Läuse und Maden genießen können, empfiehlt sich im Sommer das Abdecken des Hochbeetes mit einem **Insektenschutznetz**.

## Tipp

Haben Sie mehrere Hochbeete, können Sie eines nutzen, um selbst aus Samen Setzlinge von Gemüse, Blumen und Kräutern heranzuziehen. Weitgehend geschützt vor Schnecken wachsen hier kräftige Jungpflanzen heran. Außerdem können Sie dort zweijährige Pflanzen anziehen, etwa Stiefmütterchen, Bellis oder Goldlack, die Ihren Garten im Frühling verschönern.

# Viel Ertrag aus dem Gewächshaus

Erst ein Gewächshaus macht das Gartenglück vollkommen. Ganz gleich, ob es draußen regnet, stürmt oder schneit – unter dem Glasdach kann man Jungpflanzen anziehen und seltene Gemüse kultivieren.

## Gemüse für den Sommer

Den meisten Nutzen bringen Wärme liebende Gemüse aus tropischen Ländern, die nur unter günstigen Bedingungen auch im Freien gedeihen. Das gilt nicht nur für die Hauptkulturen wie Gurken, Auberginen, Paprika und für vitaminreiche Tomaten, die sich erst unter einem gläsernen Dach – geschützt vor lästigen Pilzkrankheiten – zu aromatischer Reife entwickeln. Daneben sind Melonen, Stangenbohnen, Erdbeeren und Feigen einige der vielen weiteren interessanten Gewächse, die man auf Beeten oder in Behältern dazugesellen kann.

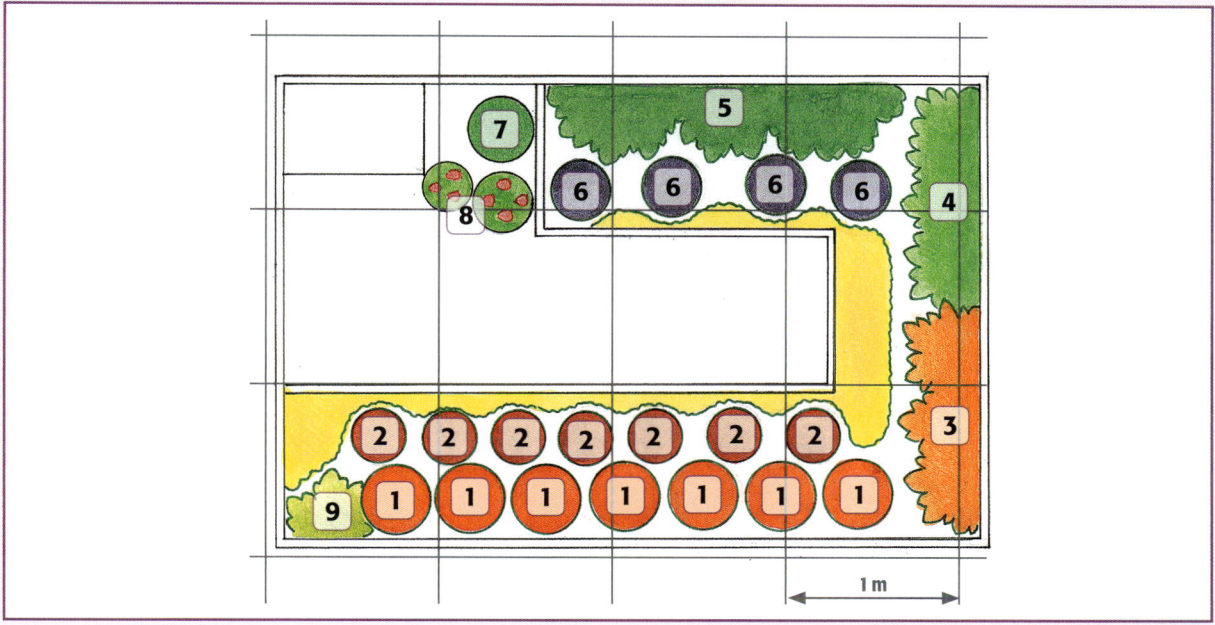

# Was Sie brauchen

**1** 7 × **Tomaten**, in verschiedenen Sorten (Abstand 50 cm)

**2** 7 × **Paprika**, in verschiedenen Sorten (Abstand 50 cm)

**3** 3 × **Zuckermelonen** (Abstand 50 cm)

**4** 3 × **Stangenbohnen** (ca. 20 Samen, je 6–7 im Kreis ausgelegt, Abstand 50–60 cm)

**5** 3 × **Mini-Gurken** (Abstand 75 cm)

**6** 4 × **Auberginen** (Abstand 75 cm)

**7** 1 × **Feigen im Kübel** (Ficus carica)

**8** 2 × **Erdbeeren**, mehrfachtragend, z.B. Sorte 'Elan', im Kübel

**9** 1 × **Weinrebe** als natürliche Beschattung, z.B. Sorte 'Boskoop Glorie', blau

**Außerdem: 1 Samenportion** von niedrigen Studentenblumen (Tagetes patula) als Mischkulturpartner und Beetumrandung

# Was Sie auch nehmen können

Statt **3** **Wassermelonen**

Statt **6** 3 × **Kletter-Zucchini** 'Black Forest $F_1$'. Bringt an Schnüren viele kleine Früchte von 20 cm Länge.

Statt **8** 6 × **Monatserdbeeren** 'Rügen', trägt ebenfalls wochenlang (von Juni bis Oktober) mit vielen kleineren Früchten.

Gut bekommt Pflanzen in Gefäßen ein Aufenthalt im Freien.

## Wie Sie pflanzen

Ganz wichtig für den Wachstumserfolg ist eine freie, sonnige Lage des Gewächshauses. Steht es in Ost-West-Richtung, profitieren die Pflanzen den ganzen Tag über vom Sonnenlicht. Den Schatten von Bäumen oder Gebäuden sollten Sie vermeiden.

450 × 300 cm sind ein empfehlenswertes Maß für ein nicht zu kleines Gewächshaus, mit dem man den Bedarf einer Familie an frischem Gemüse decken kann. Allzu enge und kleine Gewächshäuser können problematisch sein.

Achten Sie auf durchgehende, ungeteilte Scheiben, automatische Fensterlüftung und breite Türen, durch die man mit einer Karre fahren kann. Nützlich ist ein Arbeitstisch.

Ein tief gelockerter, nährstoffreicher, durchlüfteter Boden mit viel Humus ist wichtig für gutes Gedeihen.

**Stangenbohnen** und auch Tagetes kann man ab Anfang April–Mai direkt in Reihe säen.

**Gurken, Tomaten, Paprika, Auberginen** und **Zuckermelonen** werden ab Mai gepflanzt. Verwenden Sie bei 20–25 °C vorgezogene Pflanzen. Die zarten Wurzelballen sind gegen Austrocknen und Verletzung empfindlich, deshalb vor dem Pflanzen durchdringend gießen und die Ballen nicht auseinander reißen.

■ **Gemüse wie Tomaten und Paprika, Gurken und Auberginen vertragen sich mit Weinreben. Die langen Triebe liefern natürlichen Schatten.**

**Gurken** stehen gern auf ca. 20 cm hohen Dämmen aus humusreicher Erde. Das ablaufende Gießwasser vermeidet Fäulnis und Welkekrankheiten.

## Wie Sie pflegen

Kurz vor dem Auspflanzen erhalten die Ballen eine flüssige Vorratsdüngung. Düngerreste auf den Blättern abbrausen, um Verbrennungen zu vermeiden.

Alle Gemüsepflanzen und die **Weinrebe** brauchen Halt. Neben Gittern und Pfählen hat sich vor allem das Aufleiten der Triebe an Schnüren bewährt. Zum Befestigen der Schnüre werden in Firsthöhe Drähte angebracht.

Während die ertragreichen **Stangenbohnen** von selbst hochschlingen, brauchen die anderen Gemüse dafür eine helfende Hand, die die jungen Triebe um die Schnüre leitet.

**Tomaten** bilden in den Blattachseln zahlreiche Seitentriebe, die man wöchentlich ausbrechen muss, damit die Fruchttrauben nicht in zu üppigem Blattwerk verschwinden. Der Ertrag leidet darunter nicht.

Bei **Gurken** können Sie auf die üblichen Schnittmaßnahmen verzichten, wenn Sie Mini-(Party-)Gurken-Sorten wie 'Printo' oder 'Iznik' wählen. Bitterfrei, kernlos und mit gleicher Qualität wie Schlangengurken, erreichen sie nur 15–20 cm Länge, bringen aber viel mehr Früchte, die jung geerntet zart und lecker sind. Sie erscheinen in Büscheln am Haupttrieb. Die schwachen Seitentriebe geben keinen Ertrag.

Gießen Sie reichlich und düngen Sie in der Wachstumszeit flüssig regelmäßig alle zwei Wochen. Zu kleine oder faulende Früchte sind Anzeichen für Nahrungsmangel!

### Tipp

Verwenden Sie moderne, ertragreiche Sorten mit möglichst vielen Resistenzen. Weil diese von Natur aus immun sind gegen viele Schädlinge und Pflanzenkrankheiten, bleiben sie weitgehend von Problemen verschont. Bei Gurken, Tomaten und Auberginen haben sich auf resistente Unterlagen veredelte Pflanzen gut bewährt.

■ Milder Gemüsepaprika und feurig-scharfe Chilis gedeihen bestens auch in größeren Töpfen. Die bunten Früchte sind lecker und obendrein eine Zierde.

# Gärtnern im Quadrat

Haben Sie ganz wenig Platz, möchten aber trotzdem frische Salate ernten, sich an Stangenbohnen erfreuen, mal in knackige Radieschen beißen oder über würzige Petersilie verfügen, wann immer es gerade passt? Dann kommt dieser Mini-Mini-Garten gerade recht. Er ist nicht viel größer als ein Schreibtisch und kann mit allerhand Raffinessen den Gemüse- und Blumenbedarf einer ganzen Familie abdecken, sogar rund ums Jahr.

Statt in Reihen sät und pflanzt man Platz sparend in kleine Quadrate von 30 oder 40 cm Seitenlänge. Der Speisezettel gibt vor, was angebaut wird – ganz gezielt nach Bedarf: Auf einem Quadrat von 40 × 40 cm haben genau 5 Kohlrabi Platz. Das reicht für eine oder zwei Mahlzeiten. Nichts wird weggeworfen, keine Gemüseschwemme aus zu großen Beeten verkommt in der Tiefkühltruhe. Sogleich wird nachgesät, wonach

# Was Sie brauchen

Material: Rankgerüst für die Stangenbohnen
Gitter mit 40 cm-Quadraten, insgesamt 200 × 120 cm

**1** 2 × Mini-Gurken

**2** 1 Samenpackung **Stangenbohnen**, z.B. 'Neckar-königin' oder 'Markant'

**3** 2 × Tomaten

**4** 5 × Kohlrabi

**5** 4 × Eissalat

**6** 1 Samenpackung **Möhren**, z.B. 'Nantaise'

**7** 20 × Lauch

**8** 2 × Paprika

**9** 5 × Knollen-Fenchel

**10** 4 × Pflücksalat

**11** 1 Samenpackung **Petersilie**, z.B. 'Mooskrause'

**12** 1 Samenpackung **Salatrauke** *(Rucola)*

**13** 1 Samenpackung **Radieschen**, z.B. 'Sora'

**14** 1 Samenpackung **Basilikum**

**15** 1 Samenpackung **Schnittlauch**

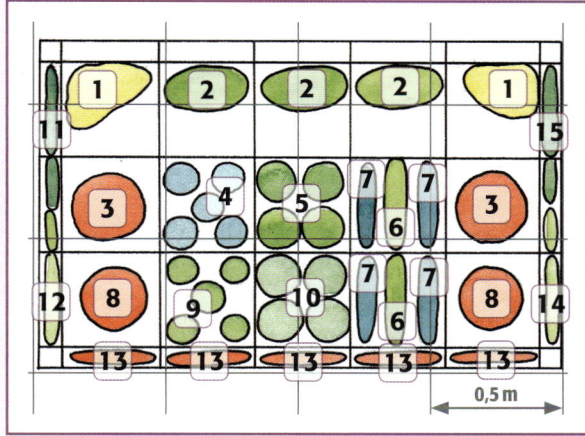

Als Schmuck: 1 Samenpackung Studentenblumen *(Tagetes tenuifolia)*, blüht gelb

1 Samenpackung 'Blüten für Nützlinge' o.Ä. Blumen-mischung (hinten rechts)

1 Samenpackung Duftsteinrich *(Lobularia maritima)*, violett

# Was Sie auch nehmen können

Statt **1** 2 × Zuckermelonen

Statt **2** 1 × Prunk- oder Feuerbohnen, haben hübsche Blüten und schmackhafte Früchte

Statt **4** 4 × Spitzkohl

Statt **5** 4 × Kopfsalat

Statt **9** 4 × Mangold

Statt **13** 1 × Rettich

■ Ein Holzgitter markiert die Karrees. In ihnen finden jeweils vier Salate oder Kohlrabi Platz, genug für eine kleine Familie.

gerade der Sinn steht: Radieschen, Rucola, Rettiche, Salat, Endivien …

## Wie Sie pflanzen

Alle Kulturen können Sie selbst aussäen. Bei einigen wie **Tomaten, Gurken, Paprika, Knollenfenchel, Salat, Porree** und **Kohlrabi** ist es allerdings praktischer, fertige Pflanzen zu kaufen. Wählen Sie verschiedene Sorten (z. B. Kirschtomaten und Fleischtomaten, rote und gelbe Paprika), das ergibt mehr Auswahl.

Was auf einem der Quadrate wächst, deckt oft genau den Bedarf einer Familie: 1 Schlangengurke (bringt 15–20 Früchte), 4 Stück Kohlrabi, 4 Stück Pflücksalat, 4 Stück Eissalat oder 20 Möhren. Wird mehr gebraucht, besetzt man zwei, drei, vier oder mehr Karrees mit einer Kultur. Ist ein Feld abgeräumt, kann man sofort wieder nachsäen oder -pflanzen. Das ist praktisch, denn auf diese Weise kommt automatisch eine überlegte Abwechslung in den Speiseplan. Man muss nicht alles auf einmal ernten, denn im Laufe des Jahres kommt alles nach und nach zur Reife – kochtopfgerecht eben.

### Reihen und Wege entfallen

Jeden Quadratzentimeter kann man intensiv nutzen. Der Zugang erfolgt von außen her. Rundum werden

**Schneckenkanten** gesetzt, damit das Beet nicht befallen wird. Soll der Anbau auf steinigem oder gepflastertem Boden, auf Beton oder stark verunkrautetem Gelände erfolgen, können Sie niedrige Hochbeete aus Brettern bauen. 20–25 cm Höhe genügen schon für fast alle Kulturen.

Legen Sie zunächst eine **Folie** unter dem Beet aus, das verhindert das Durchwachsen von Unkraut und macht das Gärtchen pflegeleicht. Dann wird mit Hornspänen (120g/m²) angereicherter Kompost oder humose, nährstoffreiche Gartenerde eingefüllt.

## Wie Sie pflegen

Damit bei all der Vielfalt kein Durcheinander entsteht, braucht man Gitter aus Holzleisten, Schnüren oder Draht mit quadratischer Einteilung. Sie sind eine einmalige Anschaffung. Als ordnendes Schema bleiben sie das ganze Jahr über und erleichtern das Nachsäen und Pflanzen. Der äußere Rahmen kann quadratisch oder rechteckig sein.

30 × 30 cm sind ideal für **Radieschen, Kräuter** und **Salat**. 40 × 40 cm werden größeren Gemüsen gerecht. Die reich tragenden **Stangenbohnen** oder auch rot blühende Feuerbohnen lässt man an Gittern oder Spalieren in die Höhe klettern. Hier ist auch Platz für Melonen oder Schlangengurken, die viel Ertrag von wenigen Quadratzentimetern liefern. Helfen Sie den jungen Trieben, den Kontakt zu finden, dann hangeln sie sich weiter.

**Tomaten** und **Paprika** brauchen Halt an Stäben. Gießen Sie reichlich und gezielt in den Wurzelbereich, nicht über die Blätter. Ab sechs Wochen nach dem Auspflanzen oder Aufgang wird wöchentlich nach Vorschrift gedüngt. Ernten Sie frühzeitig, das fördert den Fruchtansatz.

## Erntelücken schnell schließen

Auch wer nicht viel Erfahrung hat, erkennt bald, wann eine Parzelle frei sein wird. Rechtzeitig muss dann Nachschub her. **Radieschen**, Rettiche, **Möhren** und Kräuter werden in Reihen gesät, bei **Bohnen** bietet sich die Horstsaat (5–7 Korn pro Stelle) an.

**Tomaten, Gurken**, Auberginen, **Paprika, Fenchel** und andere Pflanzgemüse aus dem Süden brauchen dagegen eine Vorkultur am Fensterbrett in Töpfen oder Topfplatten – oder man bezieht die Jungpflanzen beim Gärtner. Das spart viel Arbeit und lohnt – weil die benötigten Mengen klein sind – fast immer. Wichtig ist, dass die empfindlichen Wurzeln der Jungpflanzen auf dem Transport und bis zum Auspflanzen nicht austrocknen.

Wenn Sie die Wurzelballen kurz vorher noch gründlich durchfeuchten und eine Flüssigdüngung geben, hilft das erheblich beim Pflanzenstart. Wählen Sie zum Auspflanzen einen Tag mit bedecktem Himmel und falls für die nächste Zeit Kälte angesagt ist, warten Sie lieber noch ein paar Tage auf bessere Bedingungen.

## Tipp

Einen erfreulichen Anblick bieten bunte Blumen, die sich leicht dazupflanzen lassen: z. B. Studentenblumen, Astern oder Zinnien. Biologischen Pflanzenschutz leisten Studentenblumen in Mischkultur oder eine Samenmischung mit Pflanzen, die Nützlinge durch Pollen und Nektar anziehen.

# Viel Gemüse auf wenig Platz

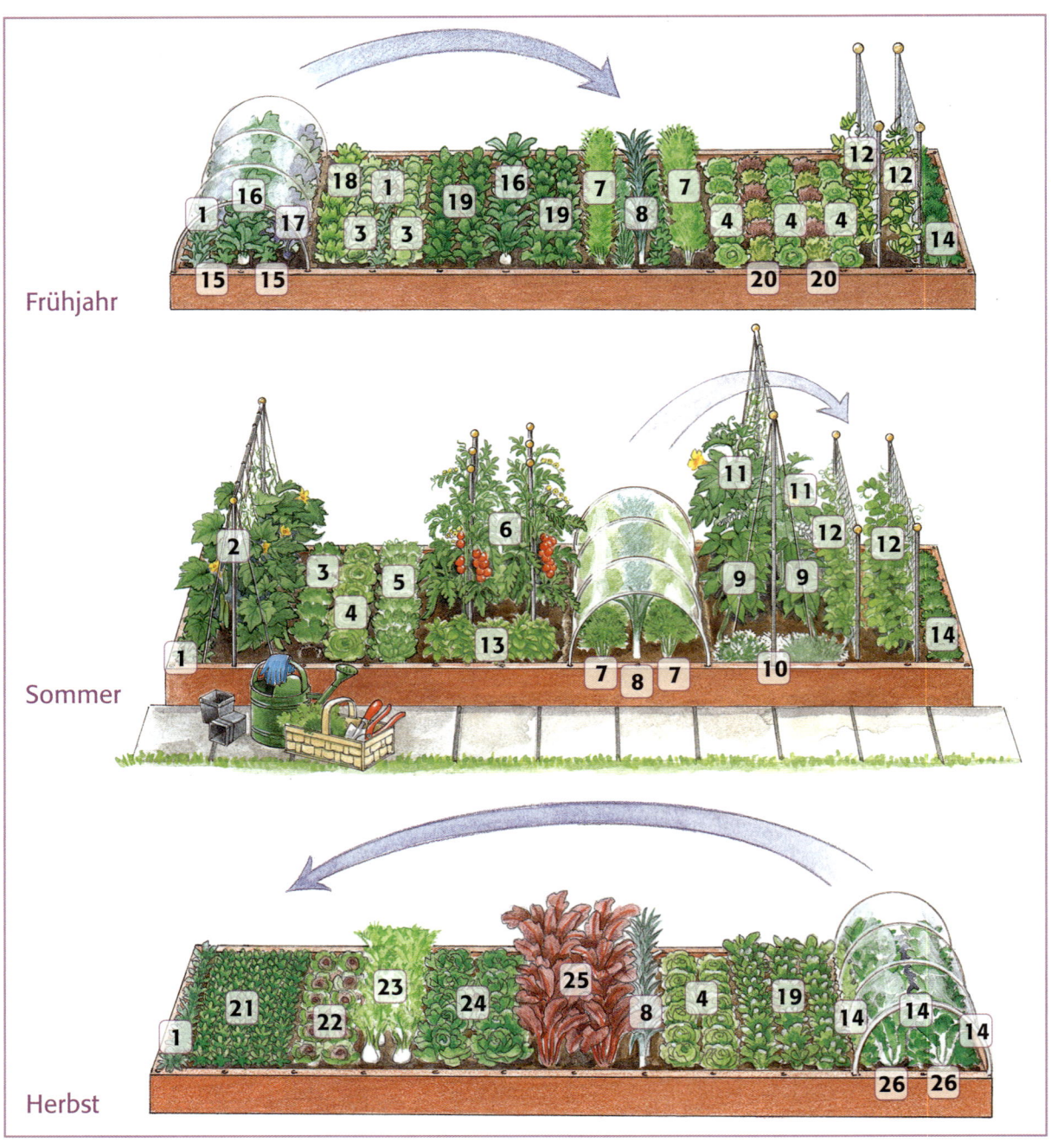

**Frühjahr**

**Sommer**

**Herbst**

# Was Sie brauchen

**1** 1 × Rucola

**2** 1 × **Mini-Schlangengurke**, z. B. 'Printo' oder Einlegegurke, z. B. 'Diamant'

**3** 1 × **Eissalat**

**4** 1 × **Kopfsalat** 'Dynamite' (läuseresistent)

**5** 1 × **Pflücksalat**

**6** 6 verschiedene **Tomatensorten**

**7** 2 Samenpackungen **Möhren** 'Nantaise'

**8** 1 Samenpackung **Lauch** 'Blaugrüner Herbst'

**9** 2 × **Stangenbohnen** 'Neckarkönigin'

**10** 1 × **Bohnenkraut**

**11** 2 × **Kletterzucchini** 'Black Forest F$_1$'

**12** 1 × **Zuckererbsen** 'Zuccola'

**13** 1 × **Basilikum**

**14** 1 × **Petersilie** 'Mooskrause'

**15** 1 Samenpackung **Radieschen**

**16** 1 Samenpackung **Rettich**

**17** 1 Samenpackung **Kohlrabi**

**18** 1 Samenpackung **Schnittsalat**

**19** 1 Samenpackung **Spinat**

**20** 1 Samenpackung **Pflücksalat** 'Lollo rosso' und 'Lollo bionda'

**21** 1 Samenpackung **Feldsalat**

**22** 1 Samenpackung **Radicchio**

**23** 1 Samenpackung **Knollenfenchel**

**24** 1 Samenpackung **Endiviensalat**

**25** 1 Samenpackung **Mangold**

**26** 1 Samenpackung **Chinakohl** oder Pak Choy

### Bio-Anbau mit Mischkultur

Platz für würzige Radieschen, zarten Salat, aromatische Tomaten und für die ersten süßen Karotten findet sich im kleinsten Reihenhausgarten. Dank Bio-Anbau und Mischkulturen, die den wenigen Platz intensiv nutzen, genügen schon rund 10 m², um eine Familie mit appetitlichem Gemüse zu versorgen.

Natürlich können Sie wie bei einem Frühbeet die Umrandung mit Holz vom Baumarkt selber bauen. Einfacher geht es jedoch mit fertigen Kunststoff-Stecksystemen aus dem Gartencenter. 6 Pakete aus umweltfreundlichem, dauerhaft stabilem Recycling-Kunststoff ergeben dieses jahrelang haltbare Beet.

Das Geheimnis für allzeit appetitliches, knackiges Gemüse liegt jedoch in dem Tunnel mit dem feinmaschigen Insekten-Schutznetz, der von einer gefährdeten Kultur zur anderen wandert und sie bis zur Ernte vor schädlichen Läusen, Maden, Raupen usw. schützt.

## Wie Sie pflanzen

Die mittlere Zeichnung (Seite 38) zeigt das Bio-Gemüsebeet in voller sommerlicher Pracht. Ausgesät oder gepflanzt wird dafür Ende Mai, wenn sich die Nachtfröste endgültig verabschiedet haben. Bei Aussaat Ende März haben Sie bis dahin schon einmal Frühgemüse geerntet, und ab Juli bis August gibt es Platz für Herbst- und Winterkulturen.

Wenn Sie Pflanzgemüse selbst aussäen, geschieht dies am besten auf der Fensterbank separat in Kistchen oder gleich in Töpfe (besonders empfehlenswert für **Gurken**).

**Verziehen** (= vereinzeln) ist besser als pikieren: Meist gehen die Samen zu dicht auf. Vereinzeln Sie die zarten Sämlinge auf den endgültigen Stand oder – bei der Anzucht in Töpfchen – auf 1 bis 2 Pflanzen. Ohne Störung durch das sonst übliche **Pikieren** (Umpflanzen) wachsen sie gesünder und schneller heran. Das gilt besonders für Salat.

▮ **Das Beet aus Steckelementen lässt sich mit Vlies zum Frühbeet verwandeln. Mit Netz schützt es vor Schädlingen, und unter einem Foliendach bleiben Tomaten gesund.**

Wichtig beim Pflanzen von **Gurkengewächsen** und **Tomaten**: Weil die zarten Wurzeln sehr empfindlich sind, dürfen die Ballen nicht auseinandergerissen werden. Knipsen Sie lieber überzählige Triebe ab. Die Ballen dürfen nicht austrocknen, also zügig arbeiten und bald nach dem Pflanzen gründlich mit weicher Brause einschlämmen. Tief pflanzen, das fördert die weitere Wurzelbildung.

**Stangenbohnen** und **Erbsen** tragen ihre Hülsen an zerbrechlichen, zarten Trieben. Sie brauchen unbedingt Halt – an Maschendraht, Rankgittern, Netzen oder Stangen. Das gilt auch für **Tomaten**, die sich an Pfählen oder Spiralstäben aus Aluminium wohlfühlen.

# Wie Sie pflegen

Ein Frühbeet schützt vor ungünstiger Witterung und Wind. Es bietet ein überschaubares, vom übrigen Garten abgeteiltes Areal für schnell wachsende Salate, im Sommer ideale Kulturbedingungen für Wärme liebende Gemüse wie Gurken und Tomaten und zum Jahresende Platz für Herbstgemüse wie Endiviensalat, Knollenfenchel, Lauch und Radicchio. Diese können unabhängig vom übrigen Geschehen auch bis in den Winter hinein stehen bleiben. Der Tunnel mit dem darüber gespannten Kulturschutznetz erfüllt auch in den kalten Monaten eine wertvolle Funktion: Er bricht die Wucht von allzu kalten Winden und damit das Austrocknen bei Frost, er verhindert das Verschmutzen durch hereingewehte Blätter und erleichtert damit das Ernten in den Wintermonaten.

Dieses Beet ist so angelegt, dass Sie wenig pflegen müssen. Sorgen Sie für einen gut gelockerten, reich mit Humus (Kompost) und Nährstoffen (organisch oder mineralisch) angereicherten Boden. Die Kanten sind so konstruiert, dass man sie mit Schneckenpaste einstreichen und die Gemüse gegen lästige Kriecher schützen kann.

Verwenden Sie **resistente** oder **tolerante moderne Sorten**, wo immer sie erhältlich sind. Gegen die meisten Pilzkrankheiten sind diese Züchtungen von Natur aus immun. Um den **Kopfsalat** 'Dynamite' machen die grünen Salatblattläuse sogar einen weiten Bogen.

## Kulturschutznetz gegen Schädlinge

Durch Gemüsefliegen und ihre Maden sind besonders Kohlgemüse, Chinakohl, Pak Choy, Möhren, Porree, Rettiche und Radieschen gefährdet. Spannen Sie über diese Kulturen von der Aussaat bis zur Ernte einen Tunnel mit schützendem engmaschigem **Kulturschutznetz**, dann können Sie ohne jedes Gift auf Bio-Art appetitliches, leckeres und vitaminreiches Gemüse ernten. Das Netz hält nicht nur Raupen und Gemüsefliegen ab – auch Schnecken, Erdflöhe, Vögel, Hagel und übermäßiger Wind bleiben ausgeschlossen. Nach der Ernte wechselt der Tunnel auf neue Kulturen.

Gießen und flüssig düngen kann man, ohne das Netz abzunehmen. Nur wenn sich Unkraut breit macht oder zum Ernten wird es kurz angehoben.

Decken Sie den Boden mit Strohhäcksel, Rasenschnitt oder Mulchkompost ab. Das unterdrückt Unkraut und hält den Boden länger feucht.

## Tipp

**Gurken kriechen nicht gerne am Boden. Wesentlich besser gedeihen sie an Maschendraht oder an ca. 1 m hohen Rankgittern. Dies spart auch viel Platz.**

# Nutzgarten mit Gemüse und Blumen

## Warum immer nur nützlich?

Ein Nutzgarten muss keineswegs nur eintönig grün sein, längst haben auch hier die Farben Einzug gehalten. Viele Sorten von Kürbis, Tomaten oder Paprika (Peperoni) wetteifern miteinander um die auffallendste Farbe und die skurrilste Form. Längst hat sich der langweilige Grünkohl zur dekorativen Schönheit gewandelt, mit violettroten (Sorte 'Redbor') oder sonderbar ver-

drehten blaugrünen Blättern (beim Toskanischen Palmkohl) oder zur feingliedrigen Gärtnerpalme (Sorte 'Lerchenzungen'). Basilikum in feinen oder groben Blattstrukturen, mit violettroten oder grünen Blättern, Mangold in herrlich leuchtenden Blatt- und Stängelfarben oder Prunkbohnen mit feuerroten Blüten: Wer die richtigen Sorten wählt, erhält einen herrlich anzusehenden Ziergarten mit viel Ertrag. Kombinieren Sie

# Was Sie brauchen

**1** 100 × **Lavendel**, z. B. 'Hidcote Variety'

**2** 2 × **Stachelbeer-Hochstämmchen**

**3** 2 × **Johannisbeer-Hochstämmchen**

**4** 3 × **Brombeeren** 'Loch Ness'

**5** 25 × **Himbeeren** 'Autumn Bliss'

**6** 1 Samenpackung **Radicchio** 'Palla Rossa'

**7** 1 Samenpackung **Buschbohnen** 'Maxi'

**8** 1 Samenpackung **Pflücksalat**

**9** 1 Samenpackung **Endiviensalat**, z. B. 'Bubikopf'

**10** 1 Samenpackung **Pflücksalat**, grün

**11** 1 Samenpackung **Pflücksalat**, 'Lollo'

**12** 1 Samenpackung **Pflücksalat**, rot 'Lollo rossa'

**13** 4 × **Paprika**

**14** 1 Samenpackung **niedrige Kapuzinerkresse**

**15** 1 × **Artischocken**

**16** 1 Samenpackung **Zier-Mangold** 'Bright Lights'

**17** 2 × **Stabtomaten**, z. B. 'Culina'

**18** 1 × **Kirsch-Tomaten**, z. B. 'Sweet 100'

**19** 30 × **Erdbeerwiese** 'Florika'

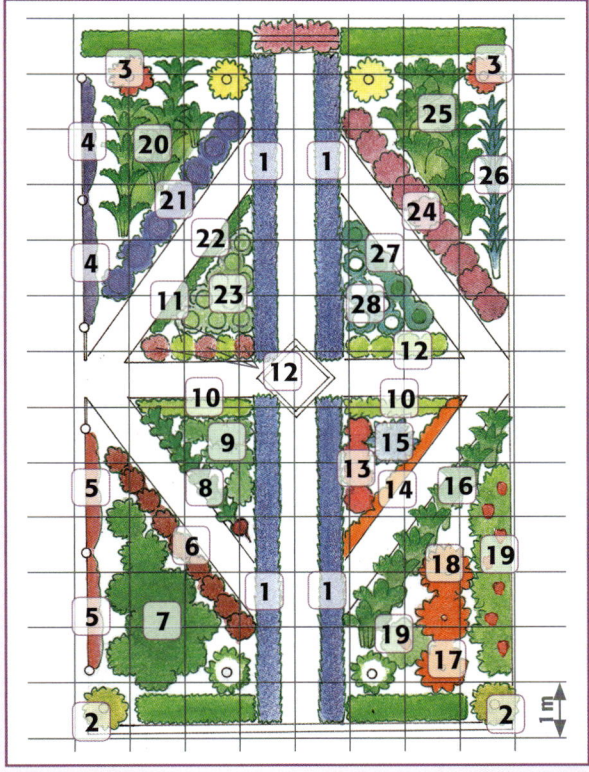

**20** 1 Samenpackung **Toskanischer Palmkohl**

**21** 7 × **Rotkohl**

**22** 1 Samenpackung **Radieschen**, z. B. 'Sora'

**23** 8 × **Weißkohl**

**24** 10 × **Zierkohl**

**25** 15 × **Grünkohl**, rotlaubig 'Redbor $F_1$'

**26** 10 × **Lauch**

**27** 15 × **Brokkoli**

**28** 5 × **Blumenkohl**

dazu essbare Blüten, wie z. B. von Kapuzinerkresse, dann vermischen sich Blumen und Gemüse aufs Allerfeinste.

## Wie Sie pflanzen

Dieser intime, mit nützlichem Beerenobst umrahmte Bauerngarten verdankt sein edles und gleichzeitig romantisches Aussehen den klar gegliederten Wegen: Zur typischen Kreuzform gesellen sich Diagonalen. Somit entstehen dreieckige Beete, die das Bild beleben und dennoch gut zu bearbeiten und mit der Karre erreichbar sind. Die grundsätzliche Struktur gibt später immer das Schema vor. Rosenbögen mit Kletterrosen und zwei niedrige, silbrigblaue, wundervoll duftende Lavendelhecken betonen die Hauptachse – ganz wie in der Provence.

Auch beim Säen und Pflanzen sind zunächst die Einfassungen an den Beeträndern wichtig. Das Innere der Beete wird erst am Schluss aufgefüllt – pflanzen Sie auch dabei möglichst in Mustern und in regelmäßigen Abständen.

### Dekorative Sorten wählen

Bei der Auswahl der Sorten spielen nicht nur der Ertrag und die Gesundheit, sondern auch der optische Eindruck eine Rolle. Lassen Sie dabei Ihrer Fantasie und Ihrem Geschmack freien Lauf. So bringen gelbe und violettblaue **Bohnen** nicht weniger Ertrag als grüne, sehen aber viel origineller aus. Auch beim **Salat** können Sie den 'Lollo' im Schachbrettmuster im Wechsel von rot- und grünblättrig pflanzen.

▌ Gemüse und Blumen sind in diesem üppigen Garten aufs Prächtigste vereint. Rosmarinhecken trennen die Beete, überwinterter Zierkohl fügt Dekoratives hinzu.

Besondere Schönheiten sind buntblättriger **Mangold** 'Bright Lights' und die **Artischocke**, die sich dekorativ mit silbrigen, tief gebuchteten Blättern ausbreitet. Beide Gemüsearten bringen erst im Spätherbst intensivste Farben und können milde Winter überstehen. Geben Sie ihnen daher einen Platz, der Ende des Jahres zum Blickfang wird.

**Zierkohl** und **Lauch** passen zu diesem Ensemble aus dekorativen Gemüsearten.

## Wie Sie pflegen

Dekorativ soll dieser Nutzgarten wirken. Deshalb ist es wichtig, die ins Auge fallenden Hecken gut in Form zu halten: Schneiden Sie den **Lavendel** Ende März–April auf ca. 25 cm Höhe zurück. Zu diesem Zeitpunkt auch die Rosen von Erfrorenem befreien und die Triebe auf ⅓ ihrer Länge einkürzen. Buchshecken und -kugeln werden im Frühsommer geschnitten. Im Hochsommer ist Zeit zur Ernte von duftendem Lavendel zum Trocknen. Danach wird Abgeblühtes entfernt; man kürzt die neuen Triebe generell um ⅓ ein.

### Mit Mulchen weniger Arbeit

Decken Sie den Boden mit unkrautfreien (z. B. Rasenschnitt 3–4 cm hoch) Mulchmaterialien ab, das fördert das Bodenleben, hält den Boden feucht, unterdrückt Unkraut, spart das Hacken und viel Arbeit beim Gießen.

Beim Herrichten der Beete zum Säen und Pflanzen bringt man pro m² eine Grunddüngung von 1 Eimer Kompost, 100–120 g Hornspänen oder 60 g Volldünger aus und arbeitet alles flach mit dem Grubber ein.

Das reicht für die meisten Gemüse. Für Pflanzen mit hohem Nährstoffbedarf wie **Kohlgewächse** und **Lauch** streut man nach dem Anwachsen nochmals eine Gabe von 60 g/m² Volldünger oder 100–120 g organischem

Dünger/m² im Wurzelbereich und arbeitet alles flach ein.

Kontrollieren Sie die Pflanzen regelmäßig auf Schädlinge und Krankheiten (vorbeugend resistente Sorten verwenden!). Abgelegte Eier und Raupen des **Kohlweißlings** finden sich auf der Rückseite der Blätter. Man kann sie leicht zerdrücken und spart damit das Spritzen. **Kapuzinerkresse** schützt gegen Blutläuse und Raupen.

■ Viele Blumen sind essbar und schmackhaft wie der orangerote Sonnenhut *(Echinacea)*. Umgekehrt können die filigranen Blüten vom Dill und die roten Blüten der Feuerbohnen den Garten zieren.

# Kleiner Nutzgarten am Reihenhaus

Viele Reihenhausgärten sind lang, schmal und schwierig zu gestalten. Die Aufteilung in »grüne Zimmer« bietet sich an. Weshalb nicht ein Appartement mit Nutzgartencharakter?

Kletterrosen, Clematis und Feuerbohnen schmücken in unserem Beispiel die knapp 6 m lange Pergola mit Dichtzaun, die gleichzeitig Sicht- und Windschutz zum

Nachbarn bietet und dem Garten einen heimeligen Charakter verleiht. Rankende Gemüse wie die herrlich rot, weiß oder rot-weiß blühenden Feuerbohnen und die sehr ertragreichen Kletter-Zucchini breiten sich auf dieser Extrafläche aus. Fünf Parzellen in der üblichen Beetbreite von 120 cm bieten Platz für die wichtigen Gemüse und Erdbeeren als Dauerkultur. In jeder steht als zusätzliche Nutzung ein Beerenobststämmchen,

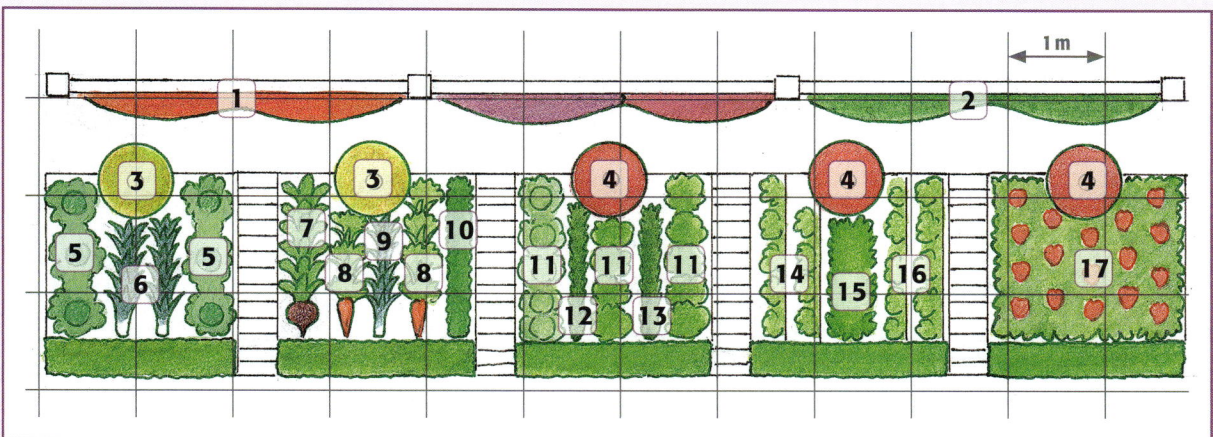

# Was Sie brauchen

**1** 1 × **Feuerbohnen** 'Butler'

**2** 2 × **Kletter-Zucchini** 'Black Forest F$_1$'

**3** 2 × **Stachelbeer-Hochstämmchen**, z.B. 'Rokula', rot, und 'Invicta', grün, beide mehltaurolerant

**4** 3 × **Johannisbeer-Hochstämmchen**, z.B. 'Jonkher van Tets', rot, und 'Weiße Versailler', weiß

**5** 6 × **Brokkoli**

**6** 10 × **Lauch**, z.B. 'Blaugrüner Herbst'

**7** 1 Samenpackung **Radieschen** 'Parat'

**8** 1 Samenpackung **Möhren** 'Nantaise'

**9** 1 Packung **Steckzwiebeln**

**10** 1 Samenpackung **Petersilie** 'Mooskrause'

**11** 3 Samenpackungen **Eissalat** 'Fortunas', läuse-resistent

**12** 1 Samenpackung **Radieschen**, z.B. 'Ostereier-Mix'

**13** 1 × **Radieschen**, z.B. 'Eiszapfen'

**14** 2 Samenpackungen **Kopfsalat** 'Dynamite', läuse-resistent

**15** 2 Samenpackungen **Pflücksalat** 'Grand Rapids'

**16** 2 × **Zuckererbsen** 'Delikata'

**17** 18 × **Erdbeeren** 'Elan', mehrfach tragend

**Material:** 6 lfd. m Pergola mit Rankgitter

1 × **Kletterrose**, rosa, z.B. 'New Dawn', öfterblühend

2 × **Waldreben**, rosa (*Clematis*-Hybride), z.B. 'Nelly Moser', öfter blühend

30 × **Buchsbaum** (*Buxus sempervirens*), z.B. 'Suffruticosa'

das jedoch entfallen kann. Immergrüne niedrige Buchshecken am Weg sorgen für einen Rahmen, der diesen kleinen Garten zu jeder Jahreszeit zum Schmuckstück macht. Wicken und rankende Kürbisse können das Gemüse ergänzen.

# Wie Sie pflanzen

Der Plan zeigt die Beetanlage im Frühsommer. Bei früher Aussaat oder Pflanzung Mitte/Ende März können Sie bis Ende Mai (dem Pflanztermin für frostempfindliche Gemüse) schon zarten Frühsalat, leckeren Kohlrabi, Radieschen, Spinat und Rettiche ernten.

Doch auch nach dem gezeigten Pflanzplan ist das Gartenjahr längst nicht vorbei. Ab Juli bis Anfang August ist es Zeit für die Aussaat oder Pflanzung von Herbst- und Wintergemüse wie Feldsalat, Spinat, Chinakohl, Fenchel, Endivien, Radicchio oder Zuckerhutsalat. Auch schnell wachsende Möhren- und Buschbohnen-Sorten bringen bei Aussaat bis Mitte Juli noch guten Ertrag.

**Lauch** bringt längere Schäfte, wenn man die Jungpflanzen möglichst tief einsetzt (mit Gerätestiel Löcher stoßen) und sie während des Sommers mehrfach mit Erde anhäufelt.

### Aromatische Erdbeeren
Die leckeren Früchte möchte jeder naschen, deshalb ist ihnen ein Beet unter dem **Johannisbeer-Stämmchen** vorbehalten. Die besten Qualitäten und Erträge gibt es bei 1- bis 2-jähriger Kultur. Beginnen Sie Ihr Beet im Frühjahr, sind kräftige Ballenpflanzen im Container eine gute Wahl. Vorkultiviert in der Gärtnerei bringen sie schon im ersten Sommer eine volle Ernte. Nach einem weiteren Jahr werden die Bestände zu dicht, deshalb ersetzt man sie gleich nach der Ernte ab Juli–August durch neue Pflanzen. Je früher die Pflanzung, desto besser wachsen Erdbeeren an. Neben den üblichen

▌ **Durch das hohe Rankgitter wirkt dieser schmale Reihenhausgarten freundlich und intim. Gemüse und Obst wachsen in kleinen Beeten. Buchshecken sorgen für Ordnung.**

Sorten mit kurzer Ernteperiode gibt es auch mehrmals tragende Züchtungen wie z. B. 'Elan'.

## Wie Sie pflegen

### Fruchtfolgeplan

Im Gartenplan sind die Gemüse entsprechend ihrem Nährstoffbedarf gegliedert. **Starkzehrer** wie Brokkoli, Kohlgewächse und Porree profitieren von anfänglichen Kompost- oder Humusgaben, von der Grunddüngung (120 g Volldünger/m²) und von der Gründüngung mit Lupinen, wenn die Erdbeerkultur abgetragen ist. Dann machen sich **Mittelzehrer** wie Möhren und Zwiebeln über die verbleibenden Nährstoffe her. Der dritten Parzelle mit **Schwachzehrern** wie Radieschen und Salaten genügt der Rest. Stickstoffsammler wie Erbsen und Bohnen brauchen wenig Dünger, sie tragen selbst zum Aufbau neuer Bodenfruchtbarkeit bei. Rücken Sie mit der Beetgestaltung im nächsten Jahr jeweils um eine Parzelle vor. So ergibt sich eine 5-jährige Rotation, die Probleme durch zu enge Fruchtfolge vermeidet.

Legen Sie die ersten Triebe der Feuerbohnen am Rankgitter an, dann finden die Schlinger von allein ihren Weg. Etwas mehr Hilfe brauchen die saftigen Triebe der Kletter-Zucchini. Brechen sie ab, ist es mit der weiteren Ernte vorbei. Anbinden ist daher trotz eigener Halteorgane die bessere Methode.

Auch wenn Sie sich um dünne Saat bemühen, gehen die meisten Gemüse viel zu dicht auf. Also müssen sie bis auf Petersilie und Pflücksalat bald auf die endgültige Standweite verzogen werden: Radieschen 5–6 cm Abstand, Möhren auf 3–4 cm und Salate auf 25–30 cm.

Gut bewährt hat sich die Mischkultur von Möhren und Zwiebeln, denn beide schützen sich gegenseitig vor Gemüsefliegen und deren Maden. Verwenden Sie Steckzwiebeln, dann sind die Zwiebeln schneller reif.

## Tipp

Die Pergola im Hintergrund wirkt als Raumteiler. Sie könnte auch eine sonnige Hauswand sein oder in einem größeren Garten ganz entfallen. Den schmalen Streifen davor können Sie auch mit Sommerblumen, Stauden oder Kräutern bepflanzen.

■ Von den ertragreichen Feuerbohnen gibt es Sorten mit hübschen roten, rot-weißen oder weißen Blüten. Eine Zierde sind auch die großen exotisch gefleckten Samen.

# Naschgarten auf Balkon und Terrasse

Richtig idyllisch ist es auf dieser Balkonterrasse, von der aus man weit über viele Dächer sehen kann. In dem grünen Paradies für zwei gibt es genug zu entdecken. Öffnet man die Wohnungstür, sind es bis zum Sitzplatz mit Bistrotisch unter dem Sonnenschirm nur ein paar Schritte. Die Fläche von 4 × 2 m ist mit preisgünstigen Holzfliesen aus dem Baumarkt ausgelegt, was sich insbesondere bei Regenwetter als praktisch erweist. Leuch-

tend blau angestrichen, verleihen sie dem Minigarten eine fröhliche Note. Stabile Pflanzkästen aus Holz, mit Folie ausgelegt und mit nahrhafter Erde gefüllt, nehmen die Pflanzen auf und dienen als Halt für die Schatten spendenden Rankgerüste aus dem Baumarkt, die einfach an die Kästen angeschraubt sind. Dazu passt eine Sitzbank, die man zwischen zwei Kästen einklinkt, und schon entsteht ein lauschiges Plätzchen.

# Was Sie brauchen

**1** 1 × **Weinrebe** 'Venus', blau, kernlos

**2** 4 × **Himbeeren** 'Autumn Bliss' (= 'Blissy')

**3** 1 × **Johannisbeer-Stämmchen**

**4** 3 × **Basilikum** in verschiedenen Sorten, z.B. 'Osmin', rot; 'Großblättriges', grün; 'Thai', grün

**5** 1 × **Oregano**

**6** 1 × **Petersilie** 'Mooskrause'

**7** 4 × **Pflücksalat** 'Lollo bionda'

**8** 1 × **Feuerbohnen**, z.B. 'Lady Di'

**9** 1 × **Kapuzinerkresse**, rankend

**10** 1 × **Lavendel**

**11** 1 × **Thymian**

**12** 1 × **Säulenapfel**, z.B. 'Rhapsodie', früh

**13** 1 × **Säulenapfel**, z.B. 'Rondo', mittelfrüh

**14** 1 × **Säulenapfel**, z.B. 'Sonate'

**15** 5 × **Erdbeeren**, z.B. 'Elan', mehrfachtragend

**16** 1 × **Schnittknoblauch**

**17** 2 × **Tomaten,** in verschiedenen Sorten

**18** 2 × **Mini-Gurken**, z.B. 'Printo'

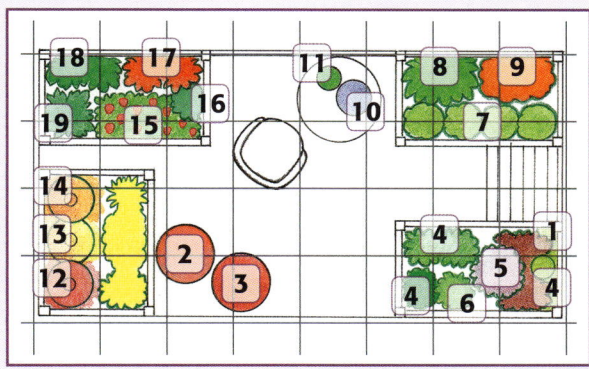

**19** 2 × **Kletter-Zucchini** 'Black Forest F$_1$'

**Außerdem gelbe Zitronentagetes** (*Tagetes tenuifolia*) als Unterpflanzung

# Was Sie auch nehmen können

Statt **2** 2 × **Heidelbeeren** oder 2 × Stachelbeer-Hochstämmchen

Statt **3** 1 × **Andenbeere**

Statt **4** 1 × **Strauchbasilikum** 'Magic Blue'

Statt **9** 2 × **Zierkürbisse**

Statt **12** 1 × **Säulenbrombeere** 'Bigandearly', dornenlos (von Pötschke)

Statt **17** 3 × **Paprika**

Die Pflanzkästen sollten aus imprägniertem Holz bestehen. Falls nicht, innen mit einer Folie auskleiden, sodass die Erde nicht direkt mit dem Holz in Berührung kommt.

Wichtig sind Löcher im Boden, damit überschüssiges Wasser ablaufen kann. Topfscherben darüberlegen, damit die Löcher nicht verstopfen. Füllen Sie bis zum Rand nährstoffreiche Blumenerde ein, anschließend leicht verdichten.

Größere Kübel sollten auf Pflanzenrollern stehen, so kann man sie leicht bewegen.

Beginnen Sie zunächst mit dem Auspflanzen der **Säulenäpfel**, die kaum Seitenzweige besitzen und deshalb mit wenig Platz auskommen. Wichtig: Auch bei der **Weinrebe** und beim **Beerenobst** verfilzte Ballen vor dem Pflanzen auflockern. Das regt die Bildung neuer Wurzeln an. **Erdbeeren** und **Kräuter** dienen als Unterpflanzung. Auch hier die Ballen lockern.

An den Rankwänden können sich **Kapuzinerkresse**, die wohlschmeckenden **Mini-Salatgurken** und die ertragreichen **Kletter-Zucchini** ausbreiten.

Besonders attraktiv sind die **Feuerbohnen**, die an einem Netz ranken und damit ein blühendes, fruchtendes Schattendach ergeben. Aus den großen, attraktiven Samen können Sie leckere Bohnensalate nach Balkanart bereiten.

**Pflücksalate** kann man aussäen. Schneller gedeihen vorgezogene Pflanzen. Statt grüne kann man auch abwechselnd grün- und rotblättrige 'Lollo'-Salate pflanzen, das wirkt sehr dekorativ.

Die eingefüllte Erde enthält genügend Nährstoffe für die ersten 8 Wochen. Anschließend wird flüssig nachgedüngt (nach Anwendervorschrift) bis spätestens Mitte August alle 2 Wochen. Lockern Sie in den Folgejahren im Frühling die Erde, tauschen Sie die verbrauchte Erde ganz oder teilweise aus, und mischen Sie Langzeitdünger unter.

■ Heidelbeeren, Johannisbeeren und Stachelbeeren bringen auch in Gefäßen reichen Ertrag. Ganz ohne Würmer sind herbsttragende Himbeersorten – einfach köstlich!

Besonders an windigen Stellen sind die Gefäße durch Austrocknung gefährdet. Empfehlenswert ist hier eine **automatische Bewässerung**. Je nach System ertasten Fühler den Wasserbedarf und öffnen die Zufuhr, bis die Erde mit Feuchtigkeit gesättigt ist. Besonders schonend arbeiten Tröpfchenbewässerungen (z. B. Systeme Blumat, Beckmann). Miniregner (System Gardena) bringen das Wasser fein verteilt in Pflanzenhöhe aus. Menge und Zeit kann man über Computer steuern.

Achten Sie auf **Schädlinge** wie Weiße Fliege, Blattläuse und Schildläuse, die sich oft ohne Spritzmittel (z. B. durch Absammeln) unter Kontrolle halten lassen. Günstig sind biologische Methoden wie ausgebrachte gelbe Leimtafeln, an denen heranfliegende Schädlinge kleben bleiben. Ernten Sie Gemüse frühzeitig, Obst soll ausreifen können.

Dies ist besonders wichtig bei Äpfeln und Birnen, speziell auch bei dem platzsparenden Säulenobst. Selten schmecken die Früchte schon gleich bei der Ernte optimal. Pflückreif sind sie, wenn die Stiele beim Anfassen leicht abbrechen. Danach sollten sie noch einige Zeit an kühlem Ort lagern. Dies kann 3–4 Wochen dauern, bei Lagersorten für den Wintervorrat auch länger. Achten Sie auf die Sortenbeschreibung und treffen Sie danach Ihre Auswahl.

Äpfel brauchen eine Partnersorte zum Bestäuben, nur dann bilden sich Früchte. Duo- oder Mehrfachbäumchen lösen das Problem. Hier sind auf einem Stamm mehrere passende Sorten veredelt, die zu verschiedenen Zeiten reifen.

Eine umweltfreundliche Entwicklung sind ertragreiche herbsttragende Himbeersorten wie 'Autumn Bliss' oder 'Aroma Queen'. Weil ihre Blütezeit außerhalb der Flugzeit des Himbeerkäfers liegt, sind ihre Früchte gewöhnlich ohne Maden.

## Tipp

Soll der Minigarten auf einem Dachgarten oder auf einer Terrasse mit Hohlraum darunter entstehen, stellen Sie die Pflanzkästen aus statischen Gründen nicht in der Mitte, sondern am Rand in der Nähe tragender Wände auf. Notfalls die Statik überprüfen lassen.

■ Zur Kultur in Kübeln eignet sich nur Zwergobst, das auf schwach wüchsige Unterlagen veredelt ist. Der Ertrag setzt früh ein, dafür hat sich das Wachstum nach ca. 10 Jahren erschöpft.

# Buntes Rondell mit Küchenkräutern

Kräuter sind »in«. Immer mehr reizvolle Sorten, Aromen und Düfte sowie ganz neue Arten aus der südamerikanischen und asiatischen Küche beleben die Fantasie und lassen uns auf kulinarische Entdeckungsreise gehen. Viele von ihnen schmecken nicht nur überraschend gut – sie sind auch ausgesprochen dekorativ und überraschen mit aparten Blütenfarben oder ungewöhnlichen Blattstrukturen.

Doch wohin mit all den Pflanzenschätzen? Dieses runde Kräuterbeet sieht gefällig aus, passt zwischen gepflasterte Wege und sogar dicht ans Haus. Es hat 2 m Durchmesser und ist aufgeteilt in Segmente, die durch gepflasterte Ziegelwege leicht zugänglich sind und das Bearbeiten und Ernten erleichtern. Ganz wie im romantischen Biedermeier bildet eine Säule mit blühendem Kräutertopf (z. B. Rosmarin) mit Lavendel

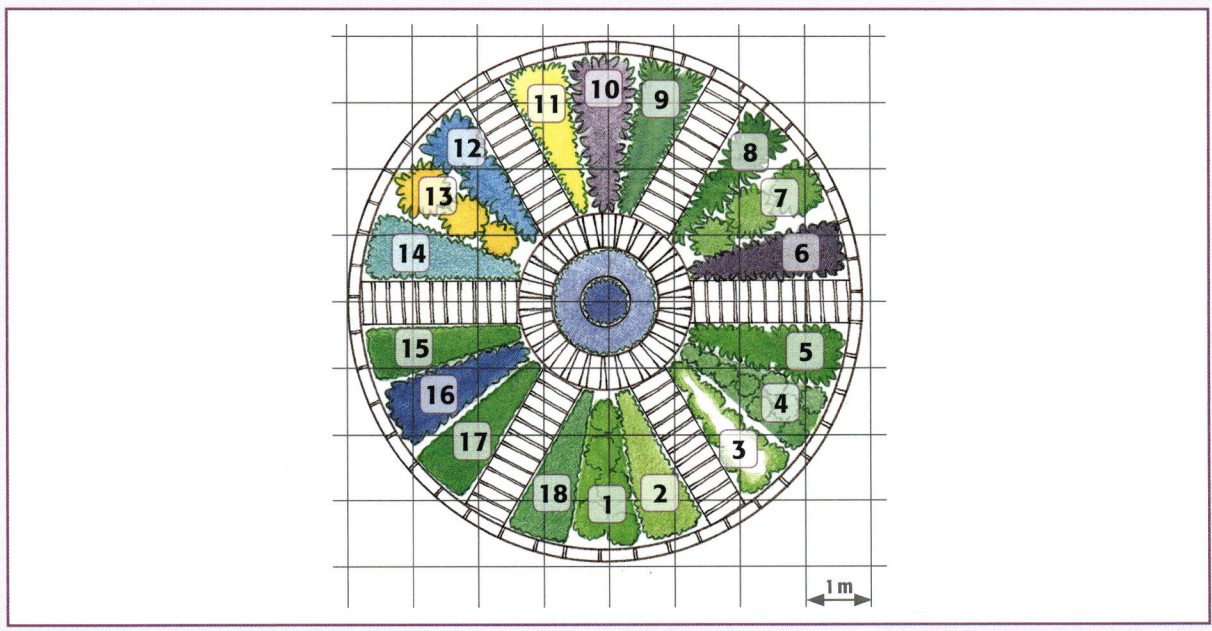

# Was Sie brauchen

**1** 5 × Zitronenmelisse

**2** 1 Samenpackung Kerbel

**3** 1 Samenpackung Koriander

**4** 1 Samenpackung Schnittknoblauch

**5** 1 Samenpackung Basilikum, grün,
z. B. 'Genoveser'

**6** 1 Samenpackung Basilikum, rotblättrig,
z. B. 'Osmin'

**7** 3 × Estragon

**8** 1 Samenpackung Wilde Rauke

**9** 1 Samenpackung Schnittlauch

**10** 5 × Oregano

**11** 1 Samenpackung Dill

**12** 1 Samenpackung Boretsch

**13** 3 × Liebstöckel

**14** 1 Samenpackung Majoran

**15** 1 Samenpackung Wurzelpetersilie

**16** 6 × Salbei

**17** 1 Samenpackung Petersilie

**18** 1 Samenpackung Rucola (kultivierte Rauke)

**19** 8 × Lavendel

**20** 1 × Rosmarin

darunter den Mittelpunkt, während das kreisförmige Beet rundum den essbaren Blumen vorbehalten ist. Auch eine blühende Hochstammrose krönt das dekorative Kräuterbeet.

## Wie Sie pflanzen

Das Kräuterrondell eignet sich für den formalen und für den Bauerngarten, als repräsentativer Mittelpunkt, als Blickfang in der Nähe der Terrasse oder als markanter

Hingucker, der am Grundstücksende die Blicke auf sich zieht. Dazu tragen die sternförmig angelegten Trittflächen bei, die mit hochkant verlegten Ziegeln dem Ganzen einen rustikalen Charakter verleihen.

Nehmen Sie die Einteilung dieses Rondells mit Sorgfalt vor, denn weil der äußere Rahmen lange so bleibt, wird man sich über Unregelmäßigkeiten jahrelang ärgern. Zwar sieht es malerisch aus, wenn sich ältere Ziegelwege mit der Zeit verschieben, doch besser ist es, sie halten ihre Form. Koffern Sie daher die Wegeflächen 20 cm tief aus, füllen zur Hälfte mit Bausand auf und verlegen darin die Ziegel als Rollschicht: die schmale Seitenansicht nach oben. Eventuell die Kanten mit Magerbeton stabilisieren. Nach dem Festklopfen wird eine Steinmehlmischung zwischen die Fugen gefegt, mit feiner Brause eingeschlämmt und alles zum Schluss abgerüttelt oder durch Stampfen verdichtet und geebnet.

Ein Kräuterbeet lockt viele bunte Schmetterlinge an und ist deshalb ein ständiger Anlass zu Freude.

Beste Pflanzzeit sind das Frühjahr und der Herbst. Lockern Sie den Boden tiefgründig, denn stauende Nässe vertragen nur wenige Kräuter, bei Trockenheit dagegen entwickeln sie lange Pfahlwurzeln und verhalten sich nach dem Anwachsen robust und pflegeleicht. Reißen Sie verfilzte Ballen vor dem Pflanzen auf, damit das Wurzelwachstum angeregt wird.

Ende März bis Mai ist Saatzeit für die ein- und mehrjährigen Kräuter. Nur Basilikum braucht Temperaturen

▌ **Praktisch ist ein Kräutergarten dicht am Haus, noch besser an einem Sitzplatz. Dann kann man in aufregenden Düften schwelgen, und die Lust zum Ernten stellt sich häufiger ein.**

über 16°C zum Keimen; deshalb erst Mitte Mai bis Juni säen oder auf der Fensterbank in Töpfen vorziehen.

## Wie Sie pflegen

Kräuter brauchen wenig Pflege, können sich gegen die meisten Schädlinge wehren und werden selten von Pilzkrankheiten befallen.

Der Standort soll sonnig und möglichst luftig sein. Deshalb werden die Beete nicht gemulcht. Lockern Sie nach kräftigem Regen und zur Unkrautbekämpfung die Erdoberfläche durch Hacken. Dadurch unterbricht man die Wasserverdunstung und beugt dem Austrocknen vor.

Die Auswahl an Kräutern hat enorm zugenommen, insbesondere durch englische, asiatische und mediterrane Spezialitäten. Oft handelt es sich um spezielle Sorten bekannter Arten, die sich aber in der Kultur und in der Verwendung in der Küche wenig unterscheiden. Dies betrifft vor allem Oregano, Basilikum, Minze, Rosmarin, Salbei und Thymian. Unterschiedlich ist allerdings ihre Winterhärte, die nicht immer unserem Klima genügt. Während im milden Winter des Rheinlands Rosmarin selten im Freiland erfriert, sollten Sie in den Bergen und im kontinentalen Klima Bayerns durch Abdeckung mit Tannenreisig, Vlies oder eine Laubschicht vorbeugen. Grenzwertig sind auch Zitronen- und Orangenthymian, die mehrfarbigen, eher zierenden Salbeisorten und Lavendel. Problemlos überdauern dagegen Rucola und Wilde Rauke, Schnittknoblauch, Minze und Oregano.

Düngen Sie nur, wenn der Boden besonders nährstoffarm ist und die Pflanzen schwach wachsen. Überdüngte Pflanzen sind anfällig und haben weniger Aroma.

5–6 Liter Kompost/m² (also ein kleiner Eimer voll), im Spätwinter ausgebracht und flach eingearbeitet, reichen zur Humus- und Nährstoffversorgung.

Fast alle Kräuter wachsen stabil genug, ohne umzufallen. Nur bei Nässe und allzu üppigem Wuchs wird es nötig sein, am Boden liegende Triebe aufzubinden.

Für den Bedarf in der Küche können Sie ständig die Blätter und Triebspitzen ernten, sofern sie noch nicht blühen. Sollen Blätter getrocknet werden, findet man ideale Erntebedingungen an einem sonnigen Vormittag kurz bevor sich die ersten Knospen öffnen.

Ernten Sie die oberen Drittel der Triebe. Man kann sie mit einem straffen Gummiband bündeln und an einer luftigen, schattigen Stelle langsam trocknen. Blätter werden auf Kisten flach ausgebreitet und bei natürlicher Wärme (ca. 25°C) getrocknet.

Kleinere Blüten (z.B. von Boretsch) und Triebspitzen (z.B. von Rosmarin) bewahren ihr volles Aroma, wenn man sie in Eiswürfel einfriert. Bei Bedarf einfach auftauen oder zur Zierde verwenden.

■ Abgeteilt durch Ziegel gedeihen in diesem dekorativen Beet auf engstem Raum Kräuter, wie Oregano, Rotes Basilikum, Thymian, Zwergoregano, Japan-Salat Mizuna, Apfelminze und Rosmarin.

# Blickfang Kräuterspirale

Kräuter kann man nie genug haben, aber oft fehlt der Platz. Eine Kräuterspirale löst das Problem auf einfache Weise. Ganz gleich, ob ihr Garten ökologisch ausgerichtet ist oder formal: Die Spirale wird bestimmt kein Fremdkörper sein. Sogar in einen reinen Ziergarten fügt sie sich problemlos ein und wird sich bald zu einem viel beachteten Schmuckstück mausern. Wählen Sie einen Platz an sonniger Stelle und dicht beim Haus, da-

mit es zur Ernte nur ein paar Schritte sind. Die Kräuterschnecke wird spiralförmig ansteigend aus Ziegeln oder Natursteinen geschichtet, kann mit verschiedenen Erden gefüllt werden und bietet auf engem Raum den optimalen Standort für viele unterschiedliche Kräuter. Ob Sonne oder Schatten, in Lehmboden oder kalkhaltiger, trockener Erde – auf der Spirale kann für jedes Kraut ein entsprechender Platz gefunden oder geschaf-

# Was Sie brauchen

**1** 1 × Samenpackung Petersilie 'Mooskrause'

**2** 3 × Kapuzinerkresse

**3** 1 × Samenpackung Rucola

**4** 3 × Pfefferminze

**5** 1 × Samenpackung Schnittknoblauch

**6** 1 × Samenpackung Dill

**7** 1 × Liebstöckel

**8** 2 × Zitronenmelisse

**9** 2 × Salbei

**10** 1 × Berg-Bohnenkraut

**11** 3 × Schnittlauch

**12** 3 × Thymian

**13** 3 × Oregano

**14** 1 × Samenpackung Boretsch

**15** 1 × Samenpackung Kerbel

**16** 1 × Samenpackung Majoran

**17** 1 × Samenpackung Bohnenkraut

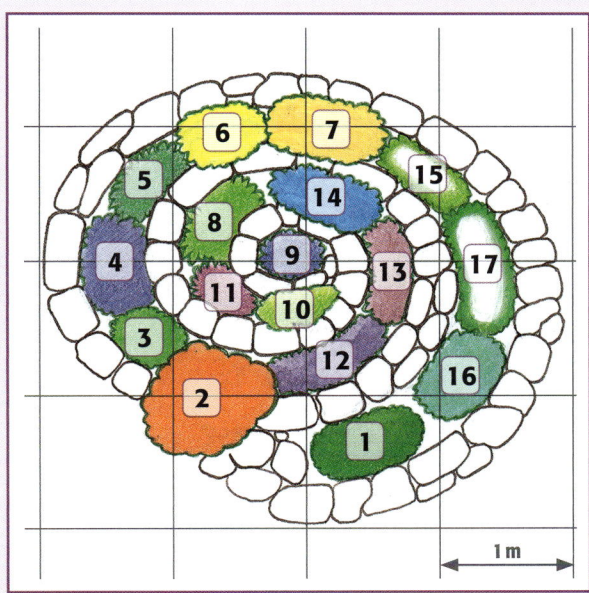

# Was Sie auch nehmen können

Statt **2** 1 × **Mexikanische Minze** (*Agastache foeniculum*) mit violetten Blüten

Statt **5** 10 × **Knoblauchzehen** (*Allium sativum*)

Statt **5** 10 × **Steckzwiebeln** (*Allium cepa*)

Statt **8** 1 × **Blattpetersilie**, z. B. 'Gigante d'Italia' mit besonders aromatischen glatten Blättern

Statt **12** 1 × **Thai-Basilikum** 'Siam Queen', mit mildem Aroma und rosa Blüten

▌ Wirklich attraktiv wirkt so eine Kräuterspirale. Ob Sonne, Halbschatten oder Schatten, sie kann den Kräutern optimale Bedingungen bieten. Sogar für ein Becken mit Brunnenkresse ist Platz.

fen werden. Wer will, kann sogar ein kleines Wasserbecken mit Brunnenkresse oder Bachminze anfügen.

## Wie Sie pflanzen

Ob Sie die Kräuterspirale aus Backsteinen oder Natursteinen aufschichten, ist eine Frage der verfügbaren Mittel und des Geschmacks. Wie bei einem Schneckenhaus steigen die Lagen spiralförmig an. Die Zwischenräume kann man unten mit Gartenerde oder Kompost füllen, oben mit kalkhaltiger oder sandiger Erde, je nach Bedarf der Pflanzen auch mit Schotter. Dünger ist entbehrlich.

Weil man schon mit wenigen Exemplaren auskommt, sind selbst gezogene oder gekaufte Kräuter aus dem

Gartencenter meist praktischer als die Aussaat an Ort und Stelle.

Aussaat lohnt sich bei den einjährigen Kräutern wie **Dill, Petersilie, Bohnenkraut, Majoran** oder **Boretsch**. Sie werden am Grund der Spirale in Gartenerde ausgebracht. Eine niedrige Hecke aus Zwergbasilikum kann den kleinen Kräutergarten einfassen.

Viel Feuchtigkeit brauchen **Pfefferminze, Dill, Kerbel** und **Liebstöckel** (»Maggikraut«). Letzteres wächst nach einigen Jahren zur imposanten Pflanze heran, mit eindrucksvollen halbkugelförmigen Blütenständen, die reichlich von Schmetterlingen, Bienen und Hummeln besucht werden.

Alle anderen Kräuter sind auf trockenere Verhältnisse eingestellt und dringen mit langen Pfahlwurzeln in tiefere Schichten vor. Während **Zitronenmelisse** Halbschatten bevorzugt, brauchen **Salbei, Thymian, Berg-Bohnenkraut, Oregano** und **Schnittlauch** die volle Sonne.

Geben Sie diesen Kräutern eine durchlässige Erde, die auch Brocken von Lehm oder kalkhaltigem Gestein enthalten darf. Einen gewissen Kalkbedarf hat jede Pflanze. Um zu gedeihen, kommen die vorgeschlagenen Kräuter jedoch mit jeder normalen Gartenerde und mit Kompost aus.

Gießen Sie frisch gepflanzte Kräuter durchdringend an, und schenken Sie ihnen bis zum Anwachsen die nötige Aufmerksamkeit.

## Wie Sie pflegen

Die Kräuterspirale braucht wenig Betreuung. Werden die Ansprüche der verschiedenen Kräuter an Boden und Sonne oder Schatten bereits bei der Anlage berücksichtigt, können sie sich optimal entwickeln.

Gewöhnlich reichen die natürlichen Niederschläge aus. Nur bei lang anhaltender Trockenheit sind die Pflanzen für Wassergaben dankbar. Sorgen Sie schon bei der Anlage mit ausgeformten Mulden dafür, dass sich das Wasser fängt und nicht ungenutzt nach unten sickert. 5–6 Liter Kompost pro m² ergänzen den Vorrat an Humus und Nährstoffen. Kräuter sind bescheiden und brauchen keine weiteren Düngergaben. Bringen Sie die Schicht im zeitigen Frühjahr dünn verteilt aus und arbeiten Sie den Kompost leicht ein. Dabei werden die Pflanzen durchgeputzt und von Pflanzenresten befreit.

Das Frühjahr ist die richtige Zeit zum Pflanzen, aber auch nach der Ernte im Herbst wachsen die Pflanzen gut an und können sich während der kalten Jahreszeit ohne Stress einwurzeln.

Einjährige Kräuter sät man von April–Mai direkt an den vorgesehenen Platz.

Alle Basilikumsorten mögen weder Kälte noch Nässe, von Wärme und Sonne aber können die Südländer nie genug bekommen. Mindestkeimtemperatur bei der Anzucht aus Samen ist 16 °C. Säen Sie im Freien deshalb erst Ende Mai oder Juni und nur bei warmem Wetter. Ideal ist die Anzucht am warmen hellen Fensterbrett. Sie können auch gleich auf fertige Pflanzen zurückgreifen.

Kündigt sich der Winter an, schneidet man die mehrjährigen Kräuter auf Handhöhe zurück und deckt empfindliche Arten wie **Salbei** mit Reisig ab.

## Tipp

Ein echter Hit ist das aus Afrika stammende Strauchbasilikum 'Magic Blue'. Mit ihren üppigen purpurvioletten Blüten und dem wundervoll kräftigen Duft machen die dekorativen ca. 50 cm hohen Pflanzen sowohl auf Beeten als auch in Gefäßen auf sich aufmerksam. Sogar als Balkonpflanzen werden sie häufig genutzt. Im Gegensatz zu den einjährigen Basilikumkräutern kann man das wüchsige Strauchbasilikum als Kübelpflanze im frostfreien hellen Wintergarten überwintern und mit Stecklingen im Wasserglas leicht Nachwuchs ziehen.

# Romantischer Gemüsegarten

Mit seinen Maßen von 5 Metern Breite und 6 Metern Länge passt dieser kleine Garten zu jedem Reihenhausgarten und an jede Terrasse. Mit seinen durch niedrige Natursteinkanten eingefassten Wegen ist er zu jeder Jahreszeit ein Blickfang und verlockt mit geschwungenen Wegen sowohl zum Betrachten als auch zum Durchschlendern. Ein kreisförmig gestalteter Sitzplatz ist groß genug, um darauf bei Bedarf einen Bistro-

tisch und zwei Stühle zu stellen. So lässt sich im Schatten einer herrlich blühenden Kaskadenrose das nebenan geerntete Gemüse stimmungsvoll genießen. Die Beete sind wie eine Zierrabatte in Gruppen bepflanzt und von dem üblichen regelmäßig gestalteten Nutzgarten weit entfernt. Bunte Früchte, dekorative Ziergemüse in attraktiven Farben und die goldgelben oder hellgelben Zitronentagetes (Sammetblumen) ver-

# Was Sie brauchen

**1** 7 × **Eissalat,** z. B. 'Barcelona' (grün) und 'Sioux' (rot)

**2** 10 × **Pflücksalat,** grün 'Lollo bionda'

**3** 10 × **Pflücksalat,** rot 'Lollo rossa'

**4** 10 × **Toskanischer Palmkohl**

**5** 10 × **Ziermangold,** z. B. 'Bright Lights'

**6** 10 × **Paprika,** verschiedene Sorten

**7** 1 **Samenpackung Petersilie** 'Mooskrause'

**8** 1 **Schnittlauch**

**9** 10 × **Wirsing**

**10** 12 × **Zuckermais,** z. B. 'Tasty Gold'

**11** 2 **Samenpackungen Feuerbohnen,** für das Tipi

**12** 2 × **Hokkaido-Kürbis** 'Ushiki-kuri'

**13** 2 × **Kletter-Zucchini** 'Black Forest $F_1$'

**14** 2 × **Mini-Schlangengurken** 'Printo'

**15** 3 × **Tomaten,** verschiedene Sorten

**16** 10 × **Grünkohl,** rotlaubig 'Redbor'

**17** 1 **Samenpackung Buschbohnen,** gelb, z. B. 'Golddukat'

**18** 1 × **niedrige Kapuzinerkresse** 'Tip Top Alaska'

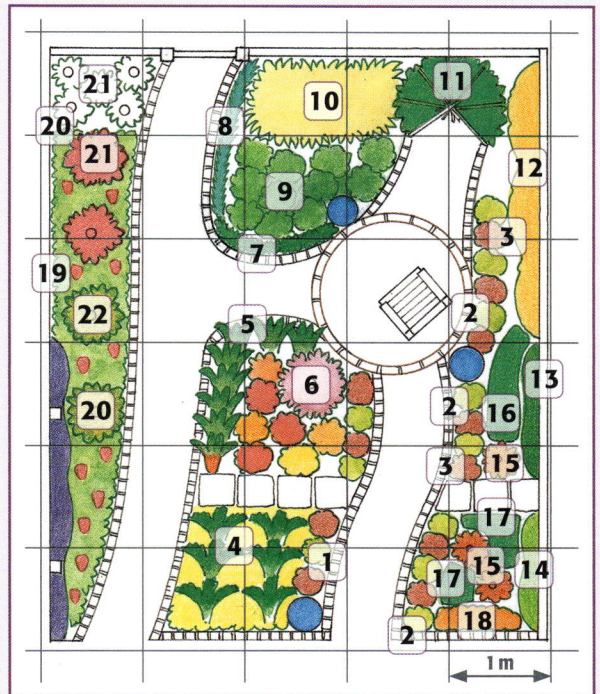

**19** 3 × **Brombeere**

**20** 2 × **Stachelbeer-Hochstämmchen**

**21** 2 × **Johannisbeer-Hochstämmchen**

**22** 20 × **Erdbeerwiese** 'Florika'

Außerdem gelbe Zitronentagetes (*Tagetes tenuifolia*) als Unterpflanzung.

▌ Formale Hecken verhelfen zu einem günstigen Kleinklima, das den Pflanzen gut bekommt. Die Stämmchenrosen brauchen kaum Platz, zieren aber ungemein und locken zudem Insekten an.

leihen dem kleinen Garten ein romantisches Bauerngartenflair. An Rankgerüsten profitieren Klettergemüse auf dekorative Weise vom Sonnenlicht.

Die meisten Gemüse werden im April oder nach den Frösten im Mai gepflanzt, wobei Sie sich die Pflanzen selbst aus Samen anziehen können. Damit sind Sie auf der sicheren Seite, denn oft gibt es die gewünschten Sorten nicht als Pflanzen. **Zuckermais, Buschbohnen, Petersilie** und **Schnittlauch** sind Gemüse, die man direkt an die vorgesehene Stelle sät.

Von **Eis-** und **Pflücksalaten** gibt es sowohl grüne Sorten als auch solche mit braunrotem Laub. Es sieht at-

traktiv aus, wenn Sie beide im Wechsel nebeneinander pflanzen. Die Beeträder sind dafür gut geeignet.

Am Rankgitter dürfen sich Klettergemüse wie **Hokkaido-Kürbis, Kletter-Zucchini** und **Mini-Gurken** ausbreiten. **Tomaten** und **Buschbohnen** sorgen für Erträge im Sommer. All diese Gemüse sind frostempfindlich und werden erst Mitte bis Ende Mai ausgebracht, ebenso der Zuckermais, der das kleine Beet im Hintergrund abschließt.

Zu all den Grüntönen der **Kohlgewächse** stehen im Kontrast der **Ziermangold** als Einfassung, die bunten Früchte des **Paprikas** (verschiedene Sorten wählen) und – zwischen den dekorativen **Toskanischen Palm-kohl** gepflanzt – als Unterpflanzung die vielen kleinen gelben Blütchen der Zitronentagetes mit kissenförmigem Wuchs.

Die rosa **Schnittlauchblüten** bilden zur Blütezeit im Juni einen besonderen Blickfang, ebenso die **Kapuzinerkresse** an der Terrasse und das **Feuerbohnenzelt** (Tipi) im Hintergrund. Hier blüht es feuerrot, anschließend können die Kinder viele leckere Hülsen und später noch Samen ernten.

Nutzen und ein erfreulicher Anblick sind in diesem Beet vereint. Anders als bei der Kräuterspirale verlangt die üppige Pracht dieses ertragreichen Ziergemüse-Beetes etwas Aufmerksamkeit. Nach dem Pflanzen und Säen setzt schon 4–5 Wochen später die Ernte ein: **Pflücksalate** wollen Blatt für Blatt geerntet werden, damit sie weiter wachsen, **Eissalat** wartet auf den Verzehr. Denken Sie daran, Lücken wieder mit neuen Pflanzen zu füllen. Dies gilt vor allem für die Salate.

**Kohlgewächse** werden leicht das Opfer von Schädlingen wie Läusen, Raupen und Kohlfliegen. Bei aufmerksamer Kontrolle kann man Eier und Jungtiere oft schon mit der Hand beseitigen, für schwere Fälle gibt es im Handel umweltfreundliche Gieß- und Spritzmittel. Verwenden Sie resistente Sorten (vor allem bei Salaten gegen Blattläuse und Mehltau), das verhindert manches Problem.

Die **Klettergemüse** brauchen anfangs Hilfestellung, damit sie den ersten Halt am Rankgitter finden. Später gilt es nur noch, allzu üppigen Wuchs zu begrenzen. Ernten Sie frühzeitig und regelmäßig, das steigert den Ertrag.

Die beste Zeit zum Gießen ist am Morgen. Immer dicht an den Pflanzenhals zielen, nicht über die Blätter »plätschern« und vor allem die Tomaten, Zucchini und Kürbisse nie dursten lassen.

Düngen Sie nach dem Anwachsen noch zweimal im Abstand von 5–6 Wochen rund um den Wurzelhals entsprechend der Anwendervorschrift nach. Mit einer Kralle leicht einarbeiten. Anfang August wird zum letzten Mal gedüngt, damit keine überschüssigen Nährstoffe ausgewaschen werden.

## Tipp

Wer den richtigen Blick dafür hat, kann sich für Gemüse mit Ziereffekt begeistern. Warum auch soll es nur um den Nutzen gehen? Schließlich isst das Auge auch mit und steigert den Appetit. Mangold, ein schon fast vergessenes Gemüse aus der Römerzeit, eignet sich in besonderem Maße dafür. Die Blätter lassen sich wie Spinat verwenden, die faserreichen fleischig-saftigen Stiele enthalten viele Ballaststoffe, aber wenig Kalorien. Der Geschmack ist mild und damit für die moderne Küche besonders attraktiv. Es gibt Sorten mit weißen, gelben und roten Blattstielen, zum Beispiel 'Vulkan' und 'Rhubarb Chard' oder 'Bright Lights' (in allen Regenbogenfarben). In Reihen gepflanzt oder gesät oder auch zwischen andere Gemüse platziert, lassen sich damit zauberhafte Farbeffekte erzielen. Das Schöne daran: Im Herbst wird die Farbe mit den kühleren Temperaturen ständig intensiver und bietet damit bis zum Frost neue Höhepunkte in einer eher tristen Jahreszeit.

# Praxis
# Küchengarten

Planen, säen und pflanzen.
Die besten Tipps zur Pflege.
Schutz vor Schäden.
Mischkulturen.

# Küchengärten richtig pflegen

## Vorplanung

Licht ist die Energiequelle für alle Pflanzen. Fast alle Gemüse und Kräuter brauchen besonders viel davon, am besten von Sonnenaufgang bis zum Abend. Nur wenige von ihnen wie Rote Rüben, Spinat, Kresse oder

▋ Bodenlockern, Graben und Harken gehören zu den Vorbereitungen. Zum Reihenziehen gibt es spezielle Geräte.

Schnittsalat gedeihen auch im Halbschatten von Bäumen, Mauern oder Häuserwänden. Zu wenig Licht führt dazu, dass Radieschen und Rettiche schossen, anstatt Knollen zu bilden, Tomaten und Paprika zu spät reifen und Kopf- oder Eissalat keine festen Köpfe, sondern nur lockere Blätter entwickeln.

Das gilt auch für **Frühbeete** und **Gewächshäuser**. Nur an der sonnigsten Stelle bringen sie den gewünschten Verfrühungseffekt. Sind sie mit der Breitseite nach Ost–West ausgerichtet, können die Pflanzen den ganzen Tag über von der Sonnenenergie profitieren und bringen reiche Ernten.

## Beete anlegen

Der Garten sollte auf effektvolles Arbeiten ausgerichtet sein mit geraden Beeten, die das Pflanzen und Säen in Reihen zulassen. Wie sinnvoll dies ist, merkt man spätestens beim Anhäufeln, Bodenlockern oder bei der Unkrautbekämpfung, die sich mit einer Ziehhacke schnell und einfach durchführen lässt. Beete muss man von beiden Seiten bearbeiten können. Entsprechend der Körpergröße haben sich 120 cm Breite für größere Personen bewährt, 100 cm sind eher bei kleineren angebracht. Die meisten Gemüse kommen mit 25 cm **Reihenabstand** aus, Eissalate brauchen 30 cm, für Radieschen, Schnittsalat und feine Kräuter sind 20 cm Reihenabstand besser. Wärmeliebende Südländer wie Auberginen, Tomaten, Gurken, Paprika, Melonen und Kürbisgewächse fühlen sich erst an einem sonnigen und windgeschützten Plätzchen richtig wohl. Hecken sind dabei besser als Mauern, weil sie den Wind auskämmen und damit seine Gewalt brechen. Ein schützender Rahmen macht den Garten intim.

In den folgenden Beispielen finden Sie deshalb oft als nutzbringende Windbrecher auch Einfassungen mit Zuckermais, Säulenäpfeln, Brombeer- oder Himbeerhecken. Auch Streifen mit Gründünger, Sonnenblumen oder einer Mischung aus bunten Nützlingsblumen sind dafür geeignet. Leider lassen sich auch Radies- und Möhrenfliegen, Kohlfliegen, Kohlweisslingsfalter und andere Schädlinge an so geschützten Stellen zur Eiablage nieder. Bald schlüpfen daraus unappetitliche Maden, die uns mit Fraßgängen den Appetit verderben. Legt man die Reihen in Ost-West-Richtung an, kann der Wind hindurch streifen und so in vielen Fällen die Eiablage verhindern. Auch Pilzkrankheiten treten weniger auf, wenn ein Luftstrom die Blätter nach Regen bald abtrocknen lässt.

### Bodenvorbereitung

Entscheidend für den Ernteerfolg im Nutzgarten ist eine gründliche Bodenvorbereitung. Baufahrzeuge hinterlassen meist deutliche Spuren (Ziegelreste, Verdichtung) – auf solchen Böden kränkeln manche Pflanzen für immer. Räumen Sie erst mal gründlich auf und lassen Sie den Boden mit landwirtschaftlichen Geräten tiefgründig lockern, damit das Regenwasser versickern kann. Statt unkrautverseuchten Mutterboden fräsen Sie besser gesiebten **Kompost** im Verhältnis 1:5 in den vorhandenen Boden ein. Aus öffentlichen Grünabfallverwertungs-Anlagen wird dieses Material billig angeboten. Wenn Sie nun noch einige Monate lang mit dem Pflanzen warten und bis dahin den Boden mit **Gründüngung** wie stickstoffsammelnden Lupinen, Perserklee oder dem herrlich rot blühenden Inkarnatklee bedecken, haben Sie damit nicht nur Unkrautsamen aus dem Boden gelockt, sondern auch die Erde mit Bodenlebewesen angereichert und preisgünstig für Fruchtbarkeit gesorgt. Die Grünmasse wird nach dem

Frost flach eingearbeitet. Auf schweren, lehmigen Böden hat sich das Graben vor dem Winter bewährt. Der Frost hilft dann bei der Bodenlockerung. Ist der Boden dagegen sandig oder moorig, können Sie ihn nach Bio-Art erst im Spätwinter mit einem Sauzahn tief lockern und Reste der Gründüngung oder Kompost einarbeiten. Mit dem gleichmäßigen Abharken, Einarbeiten des Düngers und mit der Einteilung der Beete beginnt das Gartenjahr.

## Pflanzen und Pflegen

Gleichgültig, ob Sie sich einen reinen Nutzgarten anlegen oder einen verlockenden Naschgarten mit Erdbeerwiese, platzsparenden Säulenäpfeln, aromatisch duftenden, würzigen Kräutern und knackfrischem Gemüse – für den Umgang mit gekauften Pflanzen gibt es einiges zu beachten. Meist präsentieren sie sich in voller Pracht, aber die Düngervorräte reichen gerade noch eine Woche. Geben Sie ihnen eine Flüssigdüngung als Starthilfe, gießen Sie alles gründlich vor dem Auspflanzen und tauchen Sie größere Pflanzen in Containern. Oft sehen sie nur an der Oberfläche nass aus, sind aber im Inneren knochentrocken. Solche Pflanzen wachsen nie richtig an. Verfilzte Ballen mit rundum laufenden Wurzeln müssen gelockert oder eingeschnitten werden, damit neue Wurzeln entstehen und Kontakt mit der Umgebung suchen. Setzen Sie alle Pflanzen wieder so tief ein, wie sie vorher standen. Nur **Tomaten** und **Gurken** kann man etwas tiefer setzen, weil sich dann zusätzliche Wurzeln bilden. Mit feiner Brause gründlich angießen, denn so bekommen die Pflanzen intensiven Kontakt.

Setzlinge von Pflanzgemüse gibt es auf dem Markt meist nur in den gängigen Sorten, außerdem oft nur im Frühling. Um die **eigene Anzucht** kommt man deshalb selten herum. Beginnen Sie auf der hellen Fensterbank nicht zu früh: Ende Februar bis Anfang März reicht für

❚ In Töpfen bilden die Pflanzen einen festen Ballen, der das Anwachsen auf dem Beet erleichtert.

❚ Nicht tiefer als vorher pflanzen, sonst faulen die zarten Blätter. Das gilt besonders für Kohl und Salat.

❚ Nicht nur bei Mischkulturen stehen die Pflanzen oft dicht. Mit einer Kralle wird der Boden gelockert.

❚ Durch das Mulchen des Bodens mit organischem Material trocknet der Boden kaum aus.

die Wärme liebenden Tomaten, Paprika und Auberginen. Die viel schnellwüchsigeren Gurken, Melonen, Kürbisse und Zuckermais werden ab Anfang April im Warmen vorgezogen und nach den Frösten ausgepflanzt.

Wenig Aufwand erfordern Sägemüse wie Bohnen, Erbsen, Möhren, Radieschen, Rettiche, Rote Rüben und Zwiebeln. Man sät sie dünn verteilt und nur 2–3 cm tief in Freiland-Reihen. Ist der Aufgang zu dicht, muss auf 3–6 cm Abstand ausgedünnt werden.

## Mulchen

Pflegeleicht – so wünschen wir uns den Garten. Kein Problem, wenn Sie den Boden 3–5 cm hoch mit einer Mulchschicht aus kompostiertem und aufgedüngtem Rindenhumus, angewelktem Rasenschnitt, gehäckseltem Stroh, Holzschredder, Spinat- oder Rhabarberblättern bedecken. Das hält den Boden länger feucht, fördert das Bodenleben und hindert Unkraut durch den Lichtentzug am Keimen. Lockern Sie dagegen beständig unbedeckte Erde, werden Sie gegen immer neue Unkrautfluten ankämpfen müssen.

Wichtig: Gedüngt und gekalkt wird vor dem Aufbringen der Mulchschicht, denn sonst nimmt sie die Nährstoffe in Anspruch und die Nutzpflanzen gehen leer aus.

## Düngen

**Organische Düngemittel** wie Hornspäne oder Knochenmehl setzen ihre Nährstoffe erst langsam über Monate frei, denn sie müssen erst von Bodenorganismen verarbeitet werden, bevor die Pflanze von den Nährstoffen profitiert. **Organische Mischdünger** sind bereits aufbereitet und wirken deshalb schneller, ohne dabei zu ätzen (»verbrennen«) wie es Überdosen von Düngern aus Mineralsalzen können. **Mineraldünger** wirken dagegen schnell, gezielt und man kann sie genau dosieren. Gelangen beim Ausbringen (immer lo-

cker verteilt auf die Fläche oder rund um die Wurzel streuen und mit der Kralle flach einarbeiten) Düngerkörner in Blattachseln und auf Pflanzenteile, müssen sie sofort mit weicher Brause abgespült werden. Auch **Langzeit-** oder **Depotdünger** (z. B. Nitrophoska permanent oder Osmocote) enthalten die Nährstoffe in einer Form, die die Pflanze über 3–4 Monate versorgt und sie nicht schädigt.

Mit einer Düngung entsprechend einer **Bodenuntersuchung** bringen Sie erst einmal Grund hinein. Damit ihre Fruchtbarkeit erhalten bleibt, werden im Herbst oder Winter lehmige Gartenböden alle 3–4 Jahre mit 25–50 kg/100 m² Branntkalk und Sandböden mit 15–25 kg kohlensaurem Kalk bestreut. Eine Woche, bevor Sie die Beete bestellen, wird eine Grunddüngung von 60–80 g phosphorarmem Volldünger (z. B. Nitrokaplus) ausgebracht und im Laufe des Sommers (bis spätestens Anfang August) nach Bedarf ergänzt. 70–120 g Hornspäne/m² als langsam fließende Stickstoffquelle oder eine ähnliche Menge von organischen Volldüngern sichern den Grundbedarf.

■ Eine Hand voll Mineraldünger pro m²: links 40 g für Kohl und Lauch, rechts 20 g für Radieschen und Salat.

## Hilfsmittel

Über die Beete gelegtes **Gartenvlies** schafft man ähnlich wie bei einem Frühbeet ein wärmeres, feuchteres Kleinklima, das den Aufgang der Samen und den Pflanzenwuchs fördert. Die Ernte verfrüht sich um 3–4 Wochen. Ab Mai wird es unter dem Vlies zu heiß. Tauschen Sie es gegen ein engmaschiges **Kulturschutznetz**, das die Pflanzen vor Schädlingen wie Gemüsefliegen, Läusen, Wanzen, Raupen, Vögeln, Hagel, Wind und bedingt auch vor Schnecken schützt. Sie werden damit durch appetitliches Gemüse, ganz ohne Gift, belohnt. Wichtig: Bedecken Sie die Ränder mit Erde, damit die Schädlinge keinen Zutritt zu den Kulturen finden.

■ Das leichte Vlies schafft ein ideales Kleinklima mit warmer, feuchter Luft. Dabei wachsen die Pflanzen schnell heran.

## Fruchtwechsel und Mischkultur

Immer wieder die gleichen Pflanzen – das laugt den besten Boden aus und Schädlinge wie zum Beispiel Bodenälchen (Nematoden) reichern sich so an, dass verkrüppelte Wurzeln und schwache Erträge zur Regel werden. Wechseln Sie deshalb in einem Rhythmus von 4–5 Jahren den Anbauplan und beachten Sie dabei die **Pflanzenfamilien**: Radieschen, Kohlrüben, Kohlarten und Kresse sind wie der Gelbsenf Kreuzblütler. Sie reagieren also ähnlich, ebenso gehören Möhren, Dill, Petersilie, Kerbel, Liebstöckel oder Sellerie zur gleichen Pflanzenfamilie, den Doldenblütlern.

**Mischkulturen** sparen Platz und Zeit. Während auf einem Beet gepflanzter Kohlrabi zur Reife kommt, werden die Beetkanten für Radieschen oder Pflücksalat genutzt, der nach dem Abernte der Hauptkultur genügend Platz zur weiteren Entwicklung hat. Dazwischen können bereits Sellerie-Jungpflanzen Fuß fassen und Tomaten-Setzlinge in die Höhe wachsen. Allerdings gibt es Grenzen für das Gemüsepuzzle. Die einzelnen Kulturen dürfen sich nicht zeitlich überlagern oder in der Größe behindern.

Bei der Mischkultur ergänzen sich die Pflanzen beim Nährstoffentzug, wehren durch Düfte wie bei Zwiebeln und Möhren, Bohnen und Bohnenkraut oder Kapuzinerkresse und Kohl heranfliegende Schädlinge ab oder helfen sich gegenseitig. Studentenblumen (Tagetes) sind gute Partner zu Erdbeeren, Möhren und Obst, denn mit ihren Wurzeln locken sie schädliche Nematoden an und töten die Eindringlinge mit großer Sicherheit ab.

Je kleiner der Garten, desto wichtiger ist eine intensive Nutzung. Eine wichtige Regel beim Gärtnern heißt aber auch: Keine Flächen ohne Pflanzenbewuchs lassen, denn das schadet massiv dem aktiven Leben der Milliarden von Kleinlebewesen, die für die Fruchtbarkeit im

Boden sorgen. Sobald ab Ende Mai, Anfang Juni die ersten Ernten Lücken hinterlassen, sollten sie bald wieder besät oder bepflanzt werden. Schnellwüchsige Kulturen sind z. B. Radieschen, Rucola, Pflücksalat und Spinat.

## Folgekulturen für Sommer, Herbst und Überwinterung

Der Boden sollte nicht unbepflanzt oder unbesät dem prallen Sonnenlicht ausgesetzt werden. Sobald ab Ende Mai/Anfang Juni die ersten Beete leer sind, sollten sie bald neu bestellt werden. Die Tabelle gibt einen Überblick, welche Kulturen für die Ernte in den Sommermonaten, im Herbst und über Winter noch möglich sind.

**Folgekulturen: Letzte Aussaat bis**

| | |
|---|---|
| Asia-Salat | Mitte September |
| Buschbohnen | Anfang Juli |
| Stangenbohnen | Anfang Juni |
| Blumenkohl | Anfang Juni |
| Brokkoli | Anfang Juni |
| Butterkohl | Anfang Juni |
| Chinakohl | Anfang August |
| Eissalat | Anfang Juli |
| Endiviensalat | Mitte Juli |
| Feldsalat | Ende August |
| Gurken | Anfang August |
| Knollenfenchel | Mitte Juli |
| Kohlrabi | Anfang Juli |
| Kopfsalat | Mitte Juli |
| Kürbis | Anfang Juni |
| Möhren | Mitte Juli |
| Pflücksalat | Mitte August |
| Radieschen | Ende September |
| Rettich | Anfang August |
| Rucola | Anfang September |
| Schnittsalat | Anfang September |
| Zucchini | Anfang Juni |
| Zuckermelonen | Anfang April |

## Tipp

Die Form der Düngung ist den meisten Pflanzen gleich. Tomaten, Gurkengewächse und Paprika kommen allerdings mit den milden organischen Düngern besser zurecht.

▌ Auf wenig Raum viel ernten, dabei hilft vor allem die Mischkultur. Sind Beete abgeerntet, wird der freie Platz gleich wieder neu besät oder bepflanzt.

# Pflanzenporträts

Ertragreiche Gemüse.
Leckeres zum Naschen.
Vitaminreiche Kräuter.
Schmackhaftes Obst.

# Vielfalt im Küchengarten

Die Vielfalt der Nutzpflanzen bietet zahlreiche Möglichkeiten, um ansprechende Pflanzbeete und Terrassengestaltungen zu verwirklichen. Im Porträtteil werden alle für die Gestaltung wesentlichen Pflanzen vorgestellt.

Die folgende Pflanzenauswahl lenkt den Blick auf Arten und Sorten, bei denen sich der Anbau lohnt. Mit den genannten Gemüse-, Kräuter- und Obstarten können Sie die unübertreffliche Frische der eigenen Ernte genießen. Arten, die im Anbau schwieriger oder besonders arbeitsaufwendig sind, werden hier nicht erwähnt.

Zahlreiche neue und manchmal auch altbewährte Sorten sind von Natur aus widerstandsfähig – resistent oder tolerant – gegen Pilzkrankheiten und Schädlinge.

Es lohnt sich, beim Einkauf von Samen und Pflanzen genau auszuwählen, denn damit treten viele mögliche Probleme erst gar nicht auf. So gelang es bei Salaten, die Blattlausresistenz von Wildarten in Kultursorten einzukreuzen, ganz ohne Gentechnik auf herkömmliche Art. Nun suchen sich die Schädlinge andere Objekte und wir können die gesunde Ernte ohne jeden Pflanzenschutz knackfrisch genießen.

Die schmackhaften Früchte verlocken uns zum Naschen. Sie können das Werden und Gedeihen von der Aussaat oder Pflanzung an beobachten und beeinflussen, zum Beispiel bei der Pflege und bei der Düngung. Geerntet wird dann taufrisch, sobald das leckere Grünzeug den optimalen Reifezustand erreicht hat.

## Gemüse

### Artischocke
*Cynara scolymus*
Das südländische Gourmet-Gemüse ist höchst dekorativ. Gegessen werden die schmackhaften Blütenböden der gekochten Knospen. Man kann sie in Essig einlegen oder die verdickten Blattstiele mit Dips genießen.

### Aubergine, Eierfrucht
*Solanum melongena*
Das hübsche Nachtschattengewächs aus Asien gedeiht gut in Töpfen. Es braucht einen warmen sonnigen Platz. Die glänzenden Früchte lassen sich nach Mittelmeerrezepten schmoren, dünsten und backen.

## Bohne

### *Phaseolus vulgaris*

Ob an Büschen hängend oder an Stangen kletternd, Bohnen ergeben hohe Erträge. Man kann sie monatelang beernten, obendrein gelingt die Kultur leicht. Wichtig: Rohe Hülsen sind giftig, immer abkochen.

## Erbse

### *Pisum sativum*

Frisch geerntete zuckersüße Körner sind ein toller Genuss, den man nur aus eigenem Anbau genießen kann. Am besten schmecken Mark- und Zuckererbsen. Beide brauchen etwas Halt für die langen Triebe.

## Feldsalat

### *Valerianella locusta*

Das Delikatessgemüse mit nussigem Geschmack kann man heute rund ums Jahr genießen. Hauptanbauzeiten bleiben jedoch die Herbstmonate, die Überwinterung und die Ernte im zeitigen Frühjahr.

## Knollenfenchel

### *Foeniculum vulgare* var. *azoricum*

Weil reich an Ballaststoffen und arm an Kalorien gehört dieses Sommer- und Herbstgemüse zu den Favoriten der modernen Küche. Sein zart-würziges Aroma ähnelt Anis. Ideal für Salate, zum Dünsten und Gratinieren.

## Gurke

*Cucumis sativus*

Gefragt sind heute kernlose bitterfreie Salatgurken mit nur 15–20 cm langen Früchten. Dafür tragen sie umso reicher, jede Blüte ergibt eine Frucht. Ständig jung pflücken, nicht ausreifen lassen, das bringt viel Ertrag.

## Kohl, verschiedene Arten

*Brassica oleracea*

Dieses uralte Gemüse enthält viele gesunde Inhaltsstoffe, bringt üppige Ernten ab Juni bis zum Frost und es macht satt. Dichte Pflanzung ergibt kleine Köpfe. Besonders zart schmecken Wirsing und Butterkohl.

## Brokkoli

*Brassica oleracea Botrytis*-Gruppe

Besonders zarte Köpfe ohne Schossergefahr ergibt die Pflanzung im Juni/Juli. Nach der Ernte die Pflanzen stehen lassen, dann folgen bald weitere zarte Sprosse. Violette Sorten schmecken aromatischer als grüne.

## Kohlrabi

*Brassica oleracea Gongylodes*-Gruppe

Gepflanzt wird von April bis August. Kohlrabi passt gut in Mischkulturen. Ab Tennisballgröße kann man die zart-aromatischen grünen oder violetten Knollen nach Bedarf ernten. Sie vertragen sogar etwas Frost.

## Kürbis

### *Cucurbita maxima*

Die Vielfalt an Sorten ist enorm. Aroma-Favoriten sind die birnenförmigen orangeroten »Hokkaidos« aus Japan. Sie enthalten viel gesundes Carotin, brauchen kein Schälen und lassen sich kühl bis ins Frühjahr lagern.

## Mangold

### *Beta vulgaris* var. *cicla*

Schon die Römer schätzten das ertragreiche Gemüse mit spinatähnlichem Geschmack. Lecker sind Blätter und Stiele, die auch höchst dekorativ rot, violett oder gelb sein können. Erntezeit ist ab Sommer bis Herbst.

## Zuckermelone

### *Cucumis melo*

Fast so schnell wie Gurken gedeihen die französischen Charentais-Zuckermelonen. Mit intensivem Duft kündigen die herrlich süß-saftigen Früchte ihre Reife an. 'Orange Beauty' ist eine Sorte für den Balkon.

## Möhre, Gelbe Rübe

### *Daucus carota*

Knackig, vitaminreich und zuckersüß im Geschmack, so schätzen Kinder und Erwachsene dieses nahrhafte Wurzelgemüse. Die ersten Ernten stehen ab Juni zur Verfügung, die letzten erfolgen im November.

## Paprika

### *Capsicum annuum*

Gemüsepaprika schmeckt süß-fruchtig-mild, Chili-Pepe-roni eher würzig-scharf: Achten Sie auf die Sorte! Mit vielen Farben und Formen gedeiht das wärmeliebende Gemüse auch gut auf sonnigen Terrassen.

## Lauch, Porree

### *Allium porrum*

Ab Spätsommer bis zum Winter ist Erntezeit für das trendige Gemüse mit mildem Zwiebelaroma. Damit die Stangen schön lang werden, pflanzt man 15 cm tief und häufelt sie später im Herbst mit Erde an.

## Radieschen

### *Raphanus sativus* var. *sativus*

Ihre Kulturzeit ist kurz: im Hochsommer nur 4–6 Wo-chen. Deshalb kann man sie immer wieder in Sätzen aussäen, wo sich gerade etwas Platz ergibt. Aussaat ist von Ende März bis September, Ernte bis zum Frost.

## Endiviensalat

### *Cichorium intybus*

Das ertragreiche Herbstgemüse schmeckt delikat als Salat zubereitet oder auch gedünstet mit Holländer-Soße. Man sät oder pflanzt Ende Juni bis Juli mit 30 cm Abstand und erntet bis zum Frost. Lässt sich gut lagern.

## Eissalat, Bataviasalat

*Lactuca sativa*

Knackig-frische große Köpfe bescheren das ideale Salat-
erlebnis von Juni bis September. Im Gegensatz zum
Kopfsalat gibt es keine Schosser. Dafür braucht er etwas
mehr Platz (30 × 30 cm) und 2–3 Wochen länger.

## Kopfsalat

*Lactuca sativa* var. *capitata*

Herrlich butterweicher Kopfsalat, das ist ein Genuss.
Geerntet wird ab Mai bis zum Frost. Wählen Sie resistente Sorten wie 'Dynamite' oder 'Estelle' – sie werden
nicht mehr von lästigen Blattläusen befallen.

## Pflücksalat

*Lactuca sativa* var. *crispa*

Einmal pflanzen – wochenlang ernten. Damit dies
gelingt, werden die Köpfe nicht abgeschnitten, man
pflückt ganz bequem jeweils die äußeren Blätter ab,
vom Herzen her bilden sich immer wieder neue.

## Radicchio

*Cichorium intybus*

Die festen Köpfe, im Inneren weinrot mit dekorativen
weißen Adern, reifen erst im Herbst, können aber im
Kühlschrank bis März gelagert werden. Ihr Aroma passt
zu italienischen Rezepten mit Essig, Öl, Salz, Pfeffer.

## Spinat

### *Spinacea oleracea*

Schon nach 8–10 Wochen beginnt die Ernte der zart-aromatischen Blätter, die man kochen oder als leckeren Salat anrichten kann. Gesät wird von März bis Mai und von August bis September. Ernte von April bis November.

## Tomaten, verschiedene Sorten

### *Lycopersicum esculentum*

Die Vielfalt der je nach Sorte süß-fruchtig oder herzhaft-aromatisch schmeckenden Tomatenfrüchte ist überwältigend. Reichlich wässern und laufend düngen, das sorgt bis zum Frost für reichlich Ertrag.

# Gemüse und Küchenkräuter

## Zucchini

### *Cucurbita pepo* var. *giromontina*

Kenner ernten die jungen zarten Früchte bei 20–30 cm Länge. Auch die großen Blüten sind lecker, in Eierteig frittiert und mit Salz oder Zucker bestreut. Wenig Platz brauchen die Kletter-Zucchini 'Black Forest'.

## Zuckermais

### *Zea mays*

Milchreif, d. h. kurz nach dem Abwelken der braunen Samenfäden, schmecken die saftigen süßen Kolben besonders gut. Man genießt sie frisch geerntet, gegrillt oder gekocht, gesalzen und mit Butter beträufelt.

### Zwiebeln, verschiedene Arten

*Allium cepa*

Bis die meist lange lagerfähigen Zwiebeln reif sind, kann man bereits vom würzigen frischgrünen Schlottenlaub ernten. Lauch- und Gemüsezwiebeln schmecken mild, die Winterheckenzwiebel verträgt Frost.

### Basilikum

*Ocimum basilicum*

Sein herrlicher Duft und kräftiges Aroma sind typisch für die Mittelmeerküche. Es gibt Basilikum mit Zitronen-, Zimt-, Ingwer- und Minze-Aroma. Super: das Strauchbasilikum 'Magic Blue', für Kübel, Beete und Balkon.

### Berg-Bohnenkraut

*Satureja montana*

Dieses winterharte Staudenbohnenkraut ist ideal für Kräuterspiralen und Trockenmauern. Die feinen Blättchen schmecken pfefferig, mit kräftigem Aroma. Blüht üppig im Juni, anspruchslos, gedeiht gut in Töpfen.

### Boretsch

*Borago officinalis*

Das einjährige Kraut gedeiht schnell und üppig. Die himmelblauen essbaren Blüten eignen sich zum Verzieren, auch für Cocktails. Die behaarten Blätter passen als Würze zu Gurken, Salaten und Soßen.

## Dill

*Anethum graveolens*

Die Blattspitzen des einjährigen Krautes würzen Fischgerichte, Suppen und Salate. Die dekorativen Blütenstände zieren Sträuße und werden samt Samen zum Einlegen von sauren Gurken genutzt.

## Estragon

*Artemisia dracunculus*

Den feinen anisartigen Geschmack schätzt man vor allem in Frankreich für Fischgerichte, Soßen, Suppen und Salate. Die zierlichen Triebe der frostharten Staude werden über Winter zurück geschnitten.

## Kapuzinerkresse

*Tropaeolum majus*

Die einjährige Kletterpflanze schützt in der Mischkultur vor Schädlingen. Die Blätter und Blüten schmecken kresseartig scharf. In Salzwasser eingelegte Knospen ergeben einen leckeren Kapernersatz.

## Kerbel

*Anthriscus cerefolium*

Genutzt werden die feinen Blätter. Ihr angenehm anisartiges Aroma kommt in Suppen und Soßen am besten zur Geltung. Die schnellwüchsigen Pflanzen gedeihen am besten im Frühling und Herbst.

## Lavendel

### *Lavandula angustifolia*

Mit ihren tiefblauen Blüten und dem angenehmen Duft sind die winterharten Würz- und Duftkräuter eine Zierde für jeden sonnigen Garten. Die bei Insekten sehr beliebten Blüten lassen sich trocknen.

## Liebstöckel

### *Levisticum officinale*

Als »Maggikraut« ist das üppig gedeihende Würzkraut weithin bekannt. Die kräftig aromatisch schmeckenden Blätter der frostharten Staude werden in Suppen, Muschel- und Fischgerichten mitgekocht.

## Majoran

### *Origanum majorana*

Das einjährige schnell wachsende Kraut wird auch Wurstkraut genannt, denn seine Samen und getrockneten Blätter mit pfeffrigen Aroma würzen Fleisch und Wurst, außerdem Suppen und Soßen.

## Oregano, Dost, Staudenmajoran

### *Origanum vulgare*

Das heimische Heil- und Würzkraut wurde erst durch die italienische und mediterrane Küche unentbehrlich. Sein kräftiges Aroma kann den Pfeffer ersetzen. Die frischen Blätter passen gut zu Fleisch- und Grillgerichten.

## Petersilie 'Mooskrause'

### Petroselinum crispum

Nach der Aussaat im Frühjahr kann man die würzigen frischgrünen Stängel und fein gekrausten Blätter bis zur Blüte im nächsten Frühjahr abernten. Petersilie würzt nahezu alles: Gemüse, Fleisch, Suppen und Soßen.

## Pfefferminze

### Mentha × piperita

Mit ihrem scharfen, erfrischenden Aroma gehört die üppig wuchernde Staude in jeden Garten. Die Blätter werden für Soßen, Desserts und Cocktails genutzt. Der Tee wirkt als Hausmittel gegen Erkältungen.

## Rosmarin

### Rosmarinus officinalis

Typisch für die Mittelmeerküche und unentbehrlich zum Grillen und Braten, so kennt man die würzigen nadelartigen Blätter der nur in milden Gegenden winterharten Staude aus dem Süden. Gedeiht gut in Töpfen.

## Rucola, Einjährige Rauke

### Eruca sativa

Keine Pizza ohne die nussig, angenehm aromatisch schmeckenden Blätter der Rucola. Die Pflanzen werden in Rillen gesät, sie gedeihen schnell. Die Blätter passen auch zu Salaten, Tomaten, Käse, Soßen, Fleisch.

## Salbei

### Salvia officinalis

Mit ihren grau behaarten Blättern und blauen oder weißen Blüten sehen die frostbeständigen Heil- und Würz-
pflanzen attraktiv aus. Ihr kräftiges Aroma passt zu
gegrilltem Fleisch, Braten, Fisch, Suppen und Soßen.

## Schnittknoblauch, Chinalauch

### Allium tuberosum

Die frostbeständigen Stauden sind eine Alternative zu
Knoblauch. Sie haben ähnliches Aroma, aber weniger
intensiven Geruch. Die langen Blätter sind flach und nicht
hohl. Hübsche weiße Blüten schmücken im Herbst.

## Schnittlauch

### Allium schoenoprasum

Die dünnen Röhrenblätter werden klein geschnitten
ähnlich wie Zwiebeln sehr häufig zum Würzen genutzt.
Sie passen zu nahezu jedem Gericht, zu Salaten, Suppen und anderen Gemüsen. Winterhart.

## Thymian

### Thymus vulgaris

Nur 20 cm hoch werden die kompakten frostbeständi-
gen Büsche mit vielen feinen Trieben. Ihr intensives
Aroma passt zu Fisch, gegrilltem Fleisch, Suppen und
Soßen. Blüht hübsch an sonniger Stelle.

## Zitronenmelisse

*Melissa officinalis*

Von dieser frostbeständigen Staude kann man rund ums Jahr leckere Blätter mit intensivem Zitronenaroma ernten. Fein geschnitten passen sie zu frischen Salaten, Fisch, Soßen, Desserts und Getränken.

## Apfel

*Malus sylvestris*

Schon bei der Blüte der Apfelbäumchen finden Bienen, Hummeln und nützliche Insekten Nahrung. Mehrere Sorten auf einem Stamm veredelt erlauben passende Bestäubungspartner und unterschiedliche Reifezeiten.

# Naschobst

## Erdbeere

*Fragaria × ananassa*

Bis zum Frost ständig leckere Früchte ernten, das ist möglich mit »immertragenden Sorten«. Ab Juli reifen ständig neue Früchte nach (z. B. Sorten 'Elan', 'Toskana'). Pflanzen in Töpfen gibt es ab April–Mai.

## Feige

*Ficus carica*

Nur in wintermilden Gegenden kann man Feigenbäumchen im Freien auspflanzen (z. B. die Bayernfeige 'Violetta'®(S)). Ansonsten gedeihen sie gut in größeren Töpfen. Überwinterung im Keller oder Wintergarten.

## Himbeeren

### *Rubus idaeus*

Das ideale Naschobst liefert im Garten und sogar in Kübeln auf dem Balkon viele leckere Früchte. Beliebt sind im Herbst tragende Sorten wie 'Autumn Bliss', denn ihre Früchte bleiben nach Bio-Art frei von Maden.

## Johannisbeere

### *Ribes rubrum*

Schon zwei Hochstämmchen bringen einer kleinen Familie genügend leckere Früchte zum Naschen, Saften und Marmeladekochen. Sorten wie 'Weiße Versailler' schmecken etwas süßer als rote Züchtungen.

## Stachelbeere

### *Ribes uva-crispa*

Auf Stämmchen veredelte Sorten sollen unempfindlich gegen Mehltau sein (z.B. 'Hinnomäki', 'Invicta' gelbgrün). Praktisch sind Duo-Stachelbeeren mit zwei Sorten (z.B. gelbfrüchtig und rotfrüchtig) auf einem Stamm.

## Weinrebe

### *Vitis vinifera*

Etwas Köstlicheres als selbst gezogene Tafeltrauben gibt es kaum. Pilzresistente Sorten bringen sichere Ernten, sie müssen nicht mehr gespritzt werden. Kernlose Sorten sind 'Lakemont', grün, und 'Venus', blau.

# Adressen, die Ihnen weiterhelfen

## Gartenzubehör

Country Garden
Auf den Beeten 12
72119 Ammerbuch
www. country-garden.de
(Artenambiente)

Gartenfrosch GmbH
Bierweg 1a
86492 Egling a.d.Paar
www.gartenfrosch.com
(Hochbeete)

Gärtner Pötschke
Beuthener Str. 4
41561 Kaarst
www.poetschke.de
(alles für den Garten)

Ing. G. Beckmann KG
Simoniussstr. 10
88239 Wangen/Allgäu
www.beckmann-kg.de
(Hochbeete, Bewässe-
rungssysteme)

Kuno Krieger
Gahlenfeldstr. 5
58313 Herdecke
www. kriegergmbh.de
(Gewächshäuser, Zubehör)

WG-Holzideen
Georg Weidenthaler
Neundling 36
A-4931 Mettmach
www-wg-holzideen.at
(Hochbeete)

## Nützlinge, natürlicher Pflanzenschutz

Andermatt Biogarten AG
Stahlermatten 6
CH-6146 Großdietwil
www.biogarten.ch

Biohelp
Kapleigasse 16
A-1110 Wien
www.biohelp.at

W. Neudorff GmbH KG
Postfach 1209
31857 Emmerthal
www.neudorff.de

## Pflanzen und Samen-Raritäten

Arche Noah
Bio-Raritäten
Obere Straße 40
A-3553 Schiltern
www. arche-noah.at

Baldur Gartenversand
Albert-Einstein-Allee 4–6
64625 Bensheim
www.baldur-garten.de

Bio-Furtner
Inh. Brigitte Hejduk
Sperli-Samen
Hauptstr. 5
A-3031 Rekawinkel NÖ
www.bio-furtner.at

Bingenheimer Saatgut
Kronstr. 24
61209 Echzell
www.oekoseeds.de

Blumenschule
Augsburger Str. 62
86956 Schongau
www.blumenschule.de

N.L. Chrestensen
Erfurter Samen- und
Pflanzenzucht
Witterdaer Weg 6
99092 Erfurt
www.chrestensen.de

Dehner GmbH & Co. KG
Donauwörther Str. 5
86641 Rain
www.dehner.de

Dreschflegel
Biologisches Saatgut
Postfach 1213
37202 Witzenhausen
www. dreschflegel-
saatgut.de

Ernst Meier AG
Samen und Pflanzen,
Gartencenter
CH-8635 Dürnten
www.meier-ag.ch

Gärtner Pötschke
Beuthener Str. 4
41561 Kaarst
www.poetschke.de

Häberli
Fruchtpflanzen AG
CH-Neukirch-Egnach
www. haeberli-beeren.ch

Kiepenkerl
Bruno Nebelung GmbH
Postfach 1263
48348 Everswinkel
www.nebelung.de

Lubera AG
Obst-Raritäten
CH-9470 Buchs
e-mail info@lubera.ch

Reinsaat
Biologisches Saatgut
A-3572 St. Leonhard 69
www.reinsaat.at

Rühlemann's
Kräuter und Duftpflanzen
Auf dem Berg 2
27367 Horstedt
www.kraeuter-und-
duftpflanzen.de

Samen-Mauser
Postfach 67
CH-8404 Winterthur
www. samen-mauser.ch

Sperli-Samen GmbH
Freckenhorster Str. 32
48351 Everswinkel
www. sperli.de

Tom-Garten
Erfurter Saatguthaus
Im Weidboden 12
57629 Norken
www.tom-garten.de

Wyss Samen und
Pflanzen AG
CH- 4528 Zuchwil-
Solothurn
www.wyss.ch

# Stichwortverzeichnis

## Bildnachweis

Alle Bilder von Siegfried Stein, außer:
Borstell: 1, 6, 7, 56, 72
Fader: 89ur
Flora Press/BIOSPHOTO/Gilles Le Scanff & Joëlle-Caroline Mayer: 13
Flora Press/Edition Phönix: 64, 66, 90/91
Flora Press/BIOSPHOTO/Denis Bringard: 73
Flora Press/The Garden Collection/ FLPA: 4ul, 74
Flora Press/A. F. Endress: 45
Flora Press/The Garden Collection/ Robert Mabic: 24
Krohme: 2/3, 70or, 70ol
Pforr: 12, 85ur
Reinhard: 32, 70ul, 89ol, 89or, 89ul
Strauß: 4ur, 4ol, 8, 16, 33, 49, 53, 57

Grafiken:
Sylvia Bespaluk: 14, 15, 22, 23
Ruth Fritzsche: 11, 38, 39, 43, 47, 51, 55, 59, 63
Reinhild Hofmann: 10, 30, 31, 42, 46, 50, 54, 58, 62
Sabine Weber: 18, 19, 26, 27, 34, 35